国際的視野のなかの溥儀とその時代

ボルジギン・フスレ 編

アジア研究報告シリーズ

No.9

風響社

刊行にあたって

ボルジギン・フスレ

（Husel Borjigin）

　2020 年 12 月 19 日，昭和女子大学 100 周年記念国際シンポジウム「国際的視
野のなかの溥儀とその時代」が昭和女子大学で対面とオンラインを併用して開
催された。同シンポジウムは，近年の研究の歩みをふりかえり，関係諸国に所
蔵されている膨大な多言語の史料を統合し，歴史，社会，政治，文化などの諸
分野の最新の研究成果を概観し，国際的視野のなかで溥儀とその時代を再評価
しながら，創造的な議論を展開することを目的とした。

　溥儀は清朝，中華民国，満洲国，シベリア抑留，中華人民共和国といった時
代を経験した重要な人物である。にもかかわらず，関係諸国それぞれの溥儀，
満洲国に対する認識はことなる。各国の研究者により，「溥儀とその時代」から，
北東アジア史を再構成することをとおして，新たな成果がうまれるはずだと信
ずる。

　本書は，同シンポジウムで報告された 9 本の論文に，ソルヤー（Suruya）が執
筆した論文と，陳宏（Chen Hong）と王文麗（Wang Wenli）が共同執筆した論文を加
えて編まれた論集である。各執筆者は本シンポジウムの目的にそって，それぞ
れの問題の所在を探求してきたが，かならずしもみなが客観的な結論にいたっ
たとはいえず，解明されていない点がおおく残されている。また，本書は，叙
述の形式などを各執筆者にゆだねたため，文体や表記などは必ずしも厳密に統
一できなかった点もあるが，ご容赦いただければ幸いである。

　シンポジウムが成功裏に開催できたのは，下記の方々からあついご支援とご
尽力をえられたからである。すなわち昭和女子大学理事長・総長坂東眞理子先
生，国際文化研究所所長友田博通先生，東京外国語大学名誉教授二木博史先生，
昭和女子大学客員教授，元駐中国・インド日本大使谷野作太郎先生などである。
また，昭和女子大学国際文化研究所職員鈴木弘三氏には煩雑な事務を手際よく

1

まとめていただいた。

　戸井久氏，納村公子氏には中国語の論文，小林昭菜氏にはロシア語の論文の翻訳を担当していただいた。ここに，上記の大学，団体およびおおくの関係者にかさねて厚く御礼を申しあげたい。

　最後に，本書の出版をひきうけてくださった風響社社長石井雅氏に深く感謝したい。

　2021 年 2 月

目次

国際的視野のなかの溥儀とその時代

ご挨拶
国際シンポジウム「国際的視野のなかの溥儀とその時代」

昭和女子大学理事長・総長
坂東眞理子
（Mariko Bando）

　みなさま、おはようございます。
　本日は、お忙しいなか、このシンポジウムにお集りいただき、誠にありがとうございます。

　コロナ禍の影響で、一堂に会することが困難な状況のなか、本日、日本の報告者には本学の会場で、中国、ロシア、台湾の研究者にはそれぞれの所属機関の会場で、オンラインでご報告いただきます。また、日本、中国、ロシア、台湾の各地域から多くの方々がご視聴くださっています。このように、オンラインならではの国際シンポジウムとなっています。

　東アジア地域は20世紀前半、さまざまな勢力による緊張をはらんだ場所でした。溥儀はその激動の時代を生きた代表的人物の一人です。清朝最後の皇帝であり、満州国皇帝となった象徴的人物であり、国際的なせめぎあいの中で、多くの役割を与えられました。国際的視点から溥儀とその時代を再検討することによって、新たな成果がうまれるはずですし、それは日本・中国・ロシア関係史の理解にも有益だと考えられます。
　今回のシンポジウムは、日本、中国、ロシア、台湾の著名な研究者が一堂に会し、その研究の一端をご披露くださる画期的な会議で、溥儀及びその時代の歴史、社会、言語、文化、国際関係といった分野の興味深い報告が予定されています。パネリスト各位、そして多くの熱心な参加者の方々に感謝を申し上げたいと思います。

昭和女子大学は、アメリカのボストンに海外キャンパスを持ち、またアメリカテンプル大学の日本校・テンプル大学ジャパンが東京の昭和女子大学の敷地内に移転し、キャンパスを共有しております。研究において、女性研究はもとより、近年では中国、アメリカ、ベトナム、モンゴル、オーストラリア、ロシアなどの国の大学、研究機関と歴史、社会、教育、考古学、国際関係などさまざまな分野の学術交流活動を展開してきました。

　2020年、昭和女子大学は創立百周年を迎えました。私共は、グローバル社会で主体的に役割を担える女性人材の輩出を自らの使命として推進するとともに、世界各国の大学や研究機関との教育・学術交流をさらに推進してまいりたいと思っております。

　最後に、このシンポジウムがみなさまにとって実りの多いものとなることを祈念し、歓迎の挨拶とさせていただきます。

ご挨拶
国際シンポジウム「国際的視野のなかの溥儀とその時代」

昭和女子大学国際文化研究所所長
友田博通
〈Hiromichi Tomoda〉

友田博通でございます。

昭和女子大学 100 周年を記念して国際シンポジウム「国際的視野のなかの溥儀とその時代」を開催いたします。このシンポジウムは、本学国際文化研究所フスレ教授が構想され、実施するものです。本シンポジウムは、様々な分野から、国際的視野のなかで溥儀とその時代を再評価し、創造的な議論をいたします。

さて、新しい国を造ると言う意味で、私もベトナムの資本主義への国造りの一端に参加させていただきました。ベトナムで実際に国造りが始まるのが 1994 年 2 月のアメリカ経済封鎖解除からですが、既にその 2 年前、1992 年には様々な人々がベトナムの国造りに参加しようと、様々な夢を描いてハノイやホーチミンを徘徊しておりました。植民地宗主国フランス、共産圏ロシア、東欧、おそらく水面下で中国やアメリカ、ベトナム戦争で活躍した韓国・オーストラリア、さらには台湾・カナダ・北欧。そういう意味では、日本はアメリカの顔色を伺いながら遅れて参加した国でありました。

今回のシンポジウムを機に思ったのですが、満洲国の建国に際しても、様々な夢を抱いた多くの人々が参画したのだろうと。私は政治学者でも経済学者や歴史学者でもなく、建築家、特に住宅が専門で、1991 年夏にベトナムの伝統的町並み集落の保存を依頼されました。1992 年は、日本のバブル経済が弾けた時。本当は、カッコ良く売れっ子デザイナーになりたかったのですが、設計の仕事が途切れ、イヤイヤ引き受けたのは 1992 年の春でした。以降、昭和女子大学は 1992 年 5 月に国際文化研究所を創設し全面的にこれに参画、30 年近くが過ぎベトナムの伝統的町並み集落の保存と観光開発を通してベトナムの発展を見、そ

の一端に貢献することができました。

　満洲国の建国も経済大恐慌の後、様々な人々が新天地を求めて国造りに参加した。その後、満洲国は中国の一部になりますが、今や中国を牽引する工業地帯大連など、日本企業も参画して発展が続いています。私は、やはり中国の伝統的町並み集落の保存に関連し雲南省麗江などに協力しましたが、日本語通訳の方は東北地方出身でした。現在の中国の大発展の影に、東北地方も様々に貢献したものと思います。

　今回のシンポジウムでは、中国における溥儀研究の第一人者溥儀研究院院長王志強先生、一橋大学名誉教授田中克彦先生、長野大学ツーリズム学部教授塚瀬進先生、長春溥儀研究会事務局長陳宏先生、中山大学准教授程方毅先生、ロシア科学アカデミー東洋学研究所日本研究センター長、主任研究員エレーナ・カタソーノワ先生、同じく東洋学研究所主任研究員サルキソフ先生、台湾歴史研究者海中雄先生にご報告をお願いすることができました。フスレ先生を含め、世界各国の国造りにも参考とされる創造的なご議論をお願いいたします。

「溥儀とその時代」の研究に関するいくつかの問題

王志強

（Wang Zhiqiang）

はじめに

　「溥儀とその時代」は長春溥儀研究会の学術研究の中心的領域であり，偽満皇宮博物院の学術計画の重点でもある[1]。今回の学術討論会の「国際的視野のなかの溥儀とその時代の研究」というタイトルは我々の研究分野とちょうど合致している。本論文はこの研究分野のいくつかの基本的問題について皆さんと意見交換を交わすことを願うものである。

　陳寅恪氏の「一時代の学術には，必ず新たな資料と新たな問題がなければならない。この資料を使って問題を追究すれば，その時代の学術の新たな潮流となる」[2]との言葉の通り，歴史研究の基本とは史料，方法と問題に他ならない。今日の中国は「歴史に語らせ，史実にもとづき発言」[3]するという歴史研究によって文化的影響力を高めているところで，こうした文化への自信も溥儀研究にいっそうの学術的視野・空間を広げている。時代の潮流の変化に合わせ，2017年9月，長春溥儀研究会の会報名は『溥儀研究』から『溥儀とその時代』へと改称した。

1　どのようにして「溥儀とその時代」を定義づけるのか？

　溥儀は多くの意味を有する総合体である。「その時代」とは彼自身が生きた時代というだけではなく，最後の皇帝と皇族の運命が翻弄される時代ということも指している。愛新覚羅・溥儀は1906年に生まれ，1967年に世を去った。享年61である。彼は清朝も醇親王載灃の長男で，光緒帝載湉の甥にあたり，大清帝国の「宣統」帝で，偽満州国の「康徳」帝でもあった。戦犯になることを受け入れたこともあれば，人民共和国の政治協商会議の全国委員を務めたこともあった。彼には五人の妻がいたが，跡取りはおらず，最後の妻の李淑賢は97年に世を去った。溥儀の一生は中国近現代史上でも奇妙な色彩を帯びている。彼は封

建帝王社会の，愛新覚羅家の，満蒙回蔵四族のための，さらには保皇派の代表であり，新中国における戦犯の典型的成功モデルでもあった。溥儀自身がもつ時代的価値は個人の域を遥かに超越していて，それは民族の運命そのものであり，国家政治に映し出された倒影であり，また地域間・国家間の衝突と協力のための見せかけだけの存在であった。したがって「溥儀とその時代」は，中国伝統社会の解体と現代社会の再建という時代，満州族の政治的頂点から転落という時代であり，また近現代おける中日露三か国が外交と軍事で衝突・和睦する長き時をまたいできた時代でもあるとも言えよう。

　「溥儀とその時代」の起点は1894年に置かれる。甲午の年で，清朝は従属国の朝鮮を保護するために，明治維新後急速に抬頭した日本と「甲午戦争」(日本では「日清戦争」と呼ぶ) と呼ばれる戦争を勃発させた。この戦争は大清帝国が「アジア最大」と自称した北洋艦隊が全て壊滅したことで終わりを告げた。甲午戦争は大清帝国の実態の脆弱ぶりを露わにした。翌年の「馬漢条約」[4] は列強による中国分割の行動をいっそう刺激し，国内でも変法自強運動を引き起こし，大清帝国はこれで崩壊に向かうことになった。1894年10月，中日両国が「甲午戦争」を繰り広げるさなかに，帝政ロシア最後の皇帝ニコライ2世が即位し，中国と日本に訪問する唯一の皇帝となる。「馬関条約」締結から6日後，独仏両国と手を組んで日本に遼東半島を清に還付するよう迫った後，さらに清に対して「中露密約」[5] を結ぶように迫り，東清鉄道を建設し，旅順等を租借し，強引に中国東北部に侵入した。その他の列強もさまざまな手段で大清帝国から利益を奪取した。甲午戦争の敗北は国内の矛盾を爆発させた。「馬漢条約」は国辱であり，1000人以上の挙人官僚が光緒帝に上書し，変法自強を要求することで，変法派が登場した。新たな社会変革のエネルギーが民間で速やかに成長し，さまざまな救亡論と啓蒙思想の影響のもとで，朝廷官民が主体・受動的に共同で中国社会が伝統から近代へと変換するプロセスを推し進めた。また1894年，孫文がホノルルで興中会[6] を結成した。その目的は韃虜を駆除し，中華を回復し，合衆政府を創立するというものであった。1895年，後の中国近代革命に大きな影響を与えるレーニンがサンクトペテルブルグで逮捕収監[7]……これら1894年前後に集中して起きた一連の事件は以後の中国および北東アジアに対して深い影響を及ぼそうとしていたことから，我々は19世紀末を「溥儀とその時代」の研究の起点とするのである。

　「溥儀とその時代」の終点は1995年に置かれる。溥儀は1960年代に病没したが，「その時代」の終わりはまだ先であった。1960年代の初め，北京に戻った溥

儀は新しい生活を始める。1961 年，溥儀は全国政治協商会議文史研究委員会の専門委員に任命される。翌 1962 年，溥儀は李淑賢と結婚し新たな家庭を築く。1964 年，第 4 期全国政協委員に特別招聘される。この期間，彼が書いた自伝『我的前半生』(『私の前半生』) を出版する [8]。社会主義国家は封建時代の皇帝を一般人に改造することに成功し，こうして溥儀は新中国が社会主義の優越性を対外的に宣伝する手本となった。しかし 1966 年，文化大革命が勃発すると『私の前半生』は批判にさらされる。溥儀はショックを受けるとともに，満族全体も不公平な扱いを受ける。1967 年，文革による恐怖の中で溥儀は病気でこの世を去った。皇族の，満州族の運命は辛亥革命に続いて文化大革命，階級闘争によって再び放り出され，「満清統治」は彼らの原罪となった。だがこのとき，中国革命と新中国成立に多大な影響力があったソ連と中国の矛盾が公然のものとなり，やがて国境で軍事衝突に進展した。北東アジアの国と国の恩讐は新たな段階に突入し，中国社会の変化と東北アジア地域の社会発展も安定した状態に入ることができずにいた。したがって 1960 年代は溥儀とその時代の研究の終結とすることができない。80 年代，全国政治協商会議は溥儀らのために追悼会を開催し，溥儀の遺骨は人民公墓から革命公墓に移された。1990 年代，ソ連が崩壊し，1993 年 12 月 12 日ロシア国民投票で『ロシア国民憲法』が成立し，大統領制を実行した。1995 年，第 2 次世界大戦終結の 50 周年に，村山富市首相は痛切な反省と心からのお詫びを表明する旨の談話を発表した。この年の初め，江沢民は『祖国統一の大事業を促進するために引き続き奮闘しよう』と題する講和を発表し，「中国人は中国人と戦わない」「中国人のことは自身が解決する」といった八つの主張を提出した [9]。1995 年 1 月 26 日，溥儀の遺骨は河北省易県の清西陵に近い華龍皇家陵園に移された。ここは清朝が本来計画した「宣統」帝の墓所に最も近い場所である。したがって我々は「溥儀とその時代」の研究の終点を1990 年代に置くこととする。

2 「溥儀とその時代」を研究する方法論

　我々は「溥儀とその時代」を歴史の範囲として研究しており，すでに伝統的歴史区分を打破し，その研究の仕方も一つの方法論にこだわらない。中国では近代史研究の方法論に関する話題は絶えず議論の主題として提出される。革命史の方法論，現代化の方法論，世界史の方法論や新社会文化史の方法論など，通常は誰もが研究の方法論に言及するものである。新中国成立以来，革命史の方法論がずっと中国史学研究をけん引しており，古代史研究を含めて，圧迫や

搾取に反抗する階級闘争が中国歴史研究の主要なプロットとして貫かれて来た。80年代以降，史学界は現代化の方法論を導入して近代史を研究し始めた。この方法論は中国近代以降の西洋思想文化の影響を受けた叙述と研究を通して，結局には将来的に全面欧化を必要とするという結論に達した。21世紀に入ると，中国が急速なグローバル化に突入するのに従って，グローバル・ヒストリーが中国史学会を巻き込んだ。世界の歴史はもはや国家を単位とせず，世界文明の連関と社会空間の転換をより重視している。

　長春溥儀研究会は各種の方法論と研究スタイルに対して支持する姿勢であり，歴史に語らせることに重点を置く。2017年第3期『溥儀とその時代』を例にとると，革命史の方法論による研究論文が3篇——「九一八事変前の東北地方当局の国権回復運動の努力」(張万傑)，「『万宝山事件』の実質と中共が人民を率いて引き起こした反日運動」(金玉輝)，「九一八事変後の日本品排斥運動の研究」(田瑞雪) ——，現代史の方法論による論文が3篇——「国家観念の変化と清朝立憲の失敗」(雷頤)，「宣統朝の開始」(李書源)，「中国近代社会発展に関するいくつかの問題」(劉会軍) ——，社会文化史の方法論による論文が3篇——「偽満時期東北地域社会研究と思考」(趙英蘭)，「抗戦期の張学良的日記を読み解く」(楊天石)，「近代東北地区招聘の日本国籍人員研究」(王鉄軍) ——，さらに新たな研究スタイルを追求する論文が2篇——「クロスオーバー研究の多次元出現——偽満洲国研究の共有理解」(蒋蕾)，「史学研究とインターネット——『溥儀及其時代』研究を例として」(彭超) ——。同号はグローバル・ヒストリーの方法論の論文がなかったものの，雑記部門では肖金氏の編集による『溥儀と其時代の大事件年表』を掲載しており，国際的視点とグローバル・ヒストリーの方法論を採っている。この年表は1894年から1995年を時空とし，中国，日本，ロシアと溥儀及び皇族の出来事を一つの空間に組み入れて，三つの同格の国，異なる集団，皇族と皇族，統治者と革命者，革命者と侵略者，革命者と革命者……複雑に錯綜しながら同じ空間に交じり合うことで，近代の東北アジア地域社会と集団が変遷する歴史のプロセスを構築している[10]。

3　「溥儀とその時代」を研究する新たな資料と新たな問題

　時局の変化は学術の変化に影響する。百年余り前，李鴻章は「再度汽船製造の上奏を取り下げる決議をすべきではないことを論ず」の中で大清帝国が「何千年に一度の大きな変局」[11]に直面したことについて言及していたが，今まさに世界は百年に一度の大きな変局に直面している。「溥儀とその時代」の研究が注

目するのは百年余り前の予想すらできなかった大きな変化のことである。18，
9世紀は植民地拡張時代であり，アヘン戦争は，中国に数千年に一度の大きな変
局——中国が世界の発展の趨勢に適応することを強いられる——に直面させた。
洋務運動の努力と変法運動の新たな試みがあったが，結局のところ，中国数千
年の封建君主制は溥儀の手によって終止符が打たれた。今日，我々は再び百年
に一度の大きな変局に直面しているが，今回の変局は，中国がすでにいっそう
の主動的立場に置かれている。「溥儀とその時代」の研究が注目する問題及び角
度もこれによって変化が生じている。過去，我々はより多く被害者，被圧迫者
の立場から歴史を叙述することに慣れ，弱くても勝てる，不撓不屈の物語を語
ろうとしていた。今日，我々は更に一段と自信を持った態度で，広い視野に立っ
て，多様で開放的な立場で「溥儀とその時代」の研究を推し進めるものである。

　新しい史料を収集し，古い史料を整理し，新しい問題を説明する。歴史に語
らせるという前提とは広汎に文献資料を収集し，新しい史料を探すと同時に古
い史料を整理しなければならず，そこから今日の研究に用いることのできる問
題が見つかる。偽満皇宮博物院「満州国」史の研究を例にすると，当博物院が
相次いで編集・出版した『偽満時期史料類編・建築巻・「満州建築雑誌」彙編』
（34冊）及び『偽満時期史料類編・地方巻・省市県旗情況彙覧』（38冊）[12]，同時に
偽満洲国史料データベースを計画しており，その中の『偽満時期史料類編・建
築巻・「満州建築雑誌」彙編』の整理と研究は偽満皇宮の建築及び同時期の建築
物の修繕のための重要な参考を与えた。我々の編著による『侵華日軍100部隊
「留守名簿」整理与研究』より以前は，「満州731部隊」と同じ関東軍細菌戦部隊
——「満州第100部隊」の研究に関する文章は少なく，誤りも多く，我々は新
たな資料の発掘と整理を通して，多くの解明されていない問題を解決に至らし
めた。

おわりに

　「溥儀とその時代」の研究に対して，様々な学術団体，研究者には様々な理解
があるであろう。我々が見たところ，「溥儀とその時代」は1世紀の時間を経た。
古い王朝が転覆し，植民地から解放され，新しい社会が成立し，新しい文化が
取って代わり，二度の世界大戦が新しい秩序を定め……「溥儀とその時代」の
研究とは一個人の運命の移り変わりから一つの世紀の構造の変化をはっきりと
見て取って，一つの側面から近現代東アジア史を取り扱い，正確に細部を解読
して，理性的に歴史の事実を判定するものであることに他ならない。ただこれ

のみ，溥儀研究に大きな進展をもたらすことができる[13]。

註

1　王志強「改刊詞：1894 年～ 1995 年：溥儀及其時代」（王志強［主編］長春溥儀研究会
　　会報『溥儀及其時代』2017 年第 3 期）。

2　陳寅恪「敦煌劫余録・序」（原載は『歴史語言研究集刊』1930 年第 1 輯。後『金明館
　　叢稿初編』に所収）。陳寅恪（1890 ～ 1969 年），字は鶴寿，江西省修水県の人。現代
　　中国で最も名声を博する歴史学者，古典文学研究者，言語学者，詩人という未曽有の
　　人物である。

3　2015 年 7 月 30 日，中共中央政治局は中国人民抗日戦争の回顧と思考について第 25 回
　　グループ学習会を行った際，中共中央総書記習近平は「中国人民抗日戦争研究を深く
　　発展させて，必ず正しい歴史観を堅持し，計画と効果の調整，史料収集と整理，宣伝
　　活動を強化しなければならず，歴史に語らせ，史実を用いて発言し，中国人民抗日戦
　　争の偉大な意義について力を入れて研究して深く解説し，中国人民抗日戦争は世界の
　　反ファシズム戦争の中での重要な地位で，中国共産党の柱石としての作用は中国人民
　　抗日戦争勝利の鍵を握る重大な問題である」と強調した。

4　1894（光緒 20）年 7 月 25 日，豊島開戦が勃発し，甲午戦争が始まった。日本の事前
　　からの企みのため，清朝は慌てて応戦することになった。この戦争では中国が敗れ，
　　北洋艦隊の全滅で終わりを告げた。清朝政府は日本軍国主義の軍事圧力に迫られ，
　　1895 年 4 月 17 日「馬漢条約」を締結した。甲午戦争の結果は中華民族に空前の深刻
　　な民族の危機をもたらし，中国社会の反植民地化の度合を大いに深くした。一方では
　　日本の国力を一層強めた。

5　1896 年 6 月 3 日，帝政ロシアは中国が甲午戦争敗戦の苦境に置かれていることを利用
　　して，日本への「共同防御」を口実に，清朝政府派遣特使李鴻章に迫って，ロシア外
　　交大臣ロバノフ，財政大臣ヴィッテとモスクワで「防御同盟条約」を締結，またの名
　　を「中露密約」とも呼ぶ。条約は全六条で，第四条を理由に，同年 9 月 8 日中国駐独，
　　露公使の許景澄と華露道勝（露清）銀行代表がベルリンで「中露合弁東表鉄道公司合
　　同章程」を調印して，中国東省鉄道公司が成立した。これによってロシアはシベリア
　　鉄道が中国領土を貫いて直接ウラジオストクに到達させる特権を手に入れ，帝政ロシ
　　ア侵略勢力のさらなる侵入と中国東北部のコントロール及び帝政ロシアが極東で覇権
　　的地位を争奪するための基礎を築いた。

6　興中会は孫文が 1894 年 11 月 24 日ホノルルで組織した中国近代最初の民主革命団体で
　　ある。孫文の起草による『興中会章程』が初めて「満清封建君主専制政府を打倒し，
　　民主共和国を建設する」という革命綱領を提出し，全体可決された。

7　1895 年 25 歳のレーニンは社会主義の著作を執筆すると同時にサンクトペテルブルク
　　で労働者階級解放闘争同盟を組織して逮捕収監され，ニコライ 2 世により東シベリア
　　に流刑となった 3 年後，レーニンの思想と武装のエネルギーは次第に成熟し，1917 年
　　に有名な「十月革命」を指導し帝政を転覆させた。

8　愛新覚羅・溥儀『我的前半生』（北京：群衆出版社，1964 年）。

9　1995 年 1 月 30 日，中共中央総書記，国家主席江沢民は中共中央台湾工作弁公室，国務院台湾工作弁公室等の単位が挙行した新春茶話会において「祖国統一の大事業の完成を促進するために継続して奮闘する」と題する講話を発表した。この重要な講話は鄧小平の「平和的統一，一国二制度」の考えを継承・発展するものであって，台湾問題を解決する綱領的文書であり，中国共産党と中国政府が両岸同胞を団結して，共同で祖国の平和的統一の大業を完成する決心と誠意を十分に体現しており，両岸関係を発展させ，祖国の平和的統一の過程に対して重大な歴史的意義と現実的指導意義を供えている。

10　王志強［主編］『溥儀及其時代』（2017 年第 3 期）。

11　李鴻章が述べる「何千年に一度の大きな変局」とは清朝の康熙・乾隆の世を分水嶺とし，中国は強者から弱者に変わり，他国の敬慕から他国の辱めと侵略を受けたことを指している。この変局に直面し，李鴻章は上奏文において革新自強の願いを表明した。

12　王志強［主編］『偽満時期史料類編・建築巻・「満州建築雑誌」彙編』（［全 34 冊］北京：綾装書局，2018 年）。同『偽満時期史料類編・地方巻・省市県旗情況彙覧』（［38 冊］北京：綾装書局，2018 年）。

13　王志強［主編］『溥儀研究 2』（［序］長春：吉林大学出版社，2016 年版）。

参考文献

愛新覚羅・溥儀『我的前半生』（北京：群衆出版社，1964 年）。

陳寅恪「敦煌劫余録・序」（『歴史語言研究集刊』1930 年第 1 輯）。

王志強「改刊詞：1894 年〜 1995 年：溥儀及其時代」（王志強［主編］長春溥儀研究会会報『溥儀及其時代』2017 年第 3 期）。

王志強［主編］『溥儀及其時代』（2017 年第 3 期）。

王志強［主編］『溥儀研究 2』（［序］長春：吉林大学出版社，2016 年版）。

王志強［主編］『偽満時期史料類編・建築巻・「満州建築雑誌」彙編』（［全 34 冊］北京：綾装書局，2018 年）。

王志強［主編］『偽満時期史料類編・地方巻・省市県旗情況彙覧』（［38 冊］北京：綾装書局，2018 年）。.

〈訳：戸井　久〉

愛新覚羅・溥儀と満洲国の国語

田中克彦

（Katsuhiko Tanaka）

　満洲国皇帝となった溥儀の言語知識はどのようであったか，私はくわしくは知らない。漢語と，関東軍との交流で，多少の日本語と，それから若い時に英人ジョンストンから習った英語の知識があったことは知られている。しかし，かんじんの満洲語はどうであったろうか。関東軍が，真に満洲族の独立を願ったのであれば，満洲語をとにかく国語，もしくは国語の一つとして規定していたはずである。ちなみに 1936 年における満洲国における満州族の人口は 460 万人を超えていた[1]。

　当時の日本の言語学者，国語学者は満洲国の言語政策について，何も意見を表明しなかったのであろうか。たとえば保科孝一は 1911 〜 13 年にオーストリアなどに留学し，そこで多言語国家の言語政策についてすぐれた研究[2]を発表していたのにである。

　たとえばスイスは，独，仏，伊語を国語としていたが，ヒトラーが少数民族をけしかけたときに，大急ぎでレト・ロマン語（ロマンシュ）を第四の国語に加えた例もある。

　五族協和のスローガンをかかげる満洲国の事実上の公用語は日本語であったらしい。

　清朝の滅亡とともに満洲語は死語になったという話がひろめられ，私もそれを信じていた。しかし 2004 年ハイラルで国際ツングース語学会が催され，招かれた私はハイラル行きの列車に乗った。たまたま同じ席に見知らぬ乗客が二人で，聞いても理解できない言語で談笑していた。何語を話しているのかと聞いたところ，「シベ（錫伯）語だ。生きた満洲語だ」という返事だった。

　私は満洲語は一度も話されたことのない文語だと思っていたので，満洲語の話され方だというシベ語で，こんなに自由な会話ができるのを見て驚いたもの

だ。

　しかしその後，大分大学教授の包聯群教授の論文によって，黒竜江省富裕県
友誼民族郷「三家子（ilan boo tokso）満洲語を話す満洲人が，満洲語の「活化石」
運動を行っていることを知った。そして現在，中国には 1068 万人の満洲語話者
がいることについて報告を寄せている[3]。続いて 2019 年には，同じ三家子村に
おける状況を報じた「満洲語の保有と継承の動向」において，中国政府は奨励
金制度を設けて，この運動を支持している旨の報告が寄せられるにつけ，満洲
国は満洲語を無視した点で虚名であったと痛感したのである。

　本報告が，溥儀氏の満洲語の知識がどの程度であったか，また，かれが満洲
語を帝国の国語の一つにせよとの主張を全くしなかったかどうかを調べないで
行われたことは，大変残念である。また，溥儀の満洲語に何らかの言語立法的
な地位を与えるべく要求を表明したかどうかも関心のあるところである。

　このことについてこのシンポジウム参加者の中から誰か，教えてくれる人が
いるならばありがたい。

註
1　市河三喜，服部四郎『世界言語概説』（[下巻] 研究社辞書部, 1955 年, pp.448, 上二郎トゥ
　　ングース語の項）。
2　保科孝一「国家語の問題について」（『東京文理科大学文科紀要』第 6 巻，1933 年）。
3　包聯群「消滅の危機に瀕する満洲語の社会言語学的研究」（『現代中国における言語政
　　策と言語継承』[第 2 巻]，三元社，2015 年）。

参考文献
市河三喜，服部四郎『世界言語概説』（[下巻] 研究社辞書部，1955 年，pp.448，上二
　　郎トゥングース語の項）。
包聯群「消滅の危機に瀕する満洲語の社会言語学的研究」（『現代中国における言語政
　　策と言語継承』[第 2 巻]，三元社，2015 年）。
保科孝一「国家語の問題について」（『東京文理科大学文科紀要』第 6 巻，1933 年）。

溥儀研究をめぐる近年の動向

塚瀬　進

（Susumu Tsukase）

はじめに

　筆者は 2015 年に山川出版社より『溥儀——変転する政治に翻弄された生涯』
を出版し，溥儀の生涯について論評した。本稿は拙著の執筆過程で参照，収集
した溥儀関係の研究，史料について紹介し，今後の溥儀研究の一助にしたいと
考え，まとめたものである。まず溥儀に関する研究について取り上げ，次いで
これまであまりとりあげられたことのない史料について述べてみたい。

1　溥儀に関する研究・資料

(1) 溥儀の伝記について

　溥儀の伝記については，溥儀自身が著わした『わが半生』がある。『わが半生』
の版本には 3 種類ある。最も古いものは 1960 年に内部発行本として刊行された
『我的前半生　灰皮本』(2011 年に群衆出版社が復刻）である。第二に，一般向けとし
て出版された『我的前半生　定本』(群衆出版社，1964 年）がある。これは日本語に
も翻訳された（小野忍・野原四郎監修，新島淳良・丸山昇訳『わが半生』大安，1965 年）。
第三に，『我的前半生　全本』(群衆出版社，2007 年）がある。これらを比較検討して，
溥儀の事蹟を復元する作業が必要である。『わが半生』の執筆，出版過程につい
ては，王慶祥『我的半生　背後的惊天内幕』(天津人民出版社，2011 年），孟向栄『探
尋丟失的歴史「我的前半生」出版史話』(中国文史出版社，2016 年）が考察しており，
『わが半生』を読解する際に参考となる。

　戦前に書かれた溥儀の伝記では，出生から満洲国皇帝の即位までの期間につ
いて書いた，中保與作『満洲国皇帝——新帝国創建秘史』(日本評論社，1935 年），
内山舜『執政溥儀——宣統帝より執政まで』(先進社，1932 年），和泉誠一『満洲國
皇帝陛下』(二松堂書店，1935 年）がある。戦後の日本では，山田清三郎『皇帝溥儀』

（くろしお出版，1960 年），周君適著，鄭然権訳『悲劇の皇帝溥儀』（恒文社，1984 年）が刊行されている。いずれも史料典拠を示さずに叙述されている。また，ヘンリー・マカリーヒー著，田中文蔵訳『悲劇の皇帝溥儀』（弘文堂，1964 年），入江曜子『溥儀——清朝最後の皇帝』（岩波書店，2006 年）もある。

中国では，楊照遠，劉暁暉『溥儀外記』（吉林文史出版社，1987 年），孫喆牲『愛新覚羅溥儀伝——中国末代皇帝』（華文出版社，1990 年），呂永岩『溥儀伝』（人民文学出版社，2006 年）が出されているが，一般的な内容である。王慶祥，陳宏，張臨平『溥儀全伝』（群衆出版社，2016 年）はよくまとまっている。伝記ではないが，溥儀の事蹟を知るには王慶祥『溥儀年譜』（群衆出版社，2017 年）が詳しい。惜しむらくは典拠が示されていない。

溥儀の日記も，李淑賢提供，王慶祥整理注釈『溥儀日記　全本』上下（天津人民出版社，2009 年）として刊行されている。ただし，満洲国期の日記はない。日本語訳も，李淑賢資料提供，王慶祥編集，銭端本・董国良・太田光治・二夕川忠弘翻訳『溥儀日記』（学生社，1994 年）として刊行されている。

溥儀の伝記ではないが，溥儀研究の研究論文集として 2 点を挙げたい。第一には，李立夫主編『溥儀研究』上下（天津人民出版社，2012 年）である。これは，偽満皇宮博物院が中心になりまとめたものであり，「紫禁城篇」，「天津篇」，「偽満篇」，「蘇聯篇」，「家世篇」，「人物篇」，「旧址文物篇」，「総述篇」のジャンルに分けて合計 139 編の論文が収録されている。第二には，王文鋒，趙継敏主編『末代皇帝溥儀在紫禁城』（吉林大学出版社，2013 年）である。これは，長春にある溥儀研究会が編集した論文集であり，「宮廷史事」，「宮中教育」，「后妃習俗」，「飲食起居」，「人物雑議」，「衆説溥儀」，「書画手稿」，「偽満側記」，「旧址掲秘」のジャンルに分けて合計 82 編の論文が収録されている。

⑵ 溥儀の周辺で活動した人々に関する研究・資料

溥儀は 5 人の女性と結婚しており，溥儀夫人についての伝記が出されている。王慶祥『婉容／文綉伝』（団結出版社，2005 年），王慶祥『譚玉齢／李玉琴伝』（団結出版社，2006 年）は，それぞれの溥儀夫人の伝記である。第四夫人の李玉琴の回想録は，「我做"皇娘"的日子」『溥儀離開紫禁城以後　愛新覚羅家族成員的回憶』（文史資料出版社，1985 年）として刊行された。この日本語訳は，李玉琴著，菅泰正翻訳・編集『素顔の皇帝・溥儀』第 2 巻（大衛出版社，1988 年）として刊行されている。最後の夫人であった李淑賢の回想録は「溥儀和我」『溥儀離開紫禁城以後　愛新覚羅家族成員的回憶』（文史資料出版社，1985 年）として刊行された。この日本語訳

は、李淑賢著、菅泰正翻訳・編集『素顔の皇帝・溥儀』第3巻（大衛出版社、1988年）として刊行されている。また、李淑賢憶述、王慶祥撰写『我的丈夫溥儀』（団結出版社、2007年）は中華人民共和国期の溥儀の生活について有用である。日本語にも、李淑賢著、王慶祥編、林国本訳『わが夫、溥儀——ラストエンペラーとの日々』（学生社、1997年）として翻訳されている。

溥儀の従弟である溥佳の回想録（「溥儀出宮的前前後後」）、甥の毓嶦の回想録（「偽満時代的溥儀」、「溥儀在伯力収容所」）、溥儀の妹の夫である万嘉熙の回想録（「我随溥儀在蘇聯」）は、『溥儀離開紫禁城以後——愛新覚羅家族成員的回憶』（文史資料出版社、1985年）に収録されている。これらは、愛新覚羅毓嶦他著、菅泰正翻訳・編集『素顔の皇帝・溥儀』第1巻（大衛出版社、1988年）として日本語に翻訳されている。

侍従として溥儀に仕えた李国雄の回想録は、李国雄口述、王慶祥撰写『他者眼里溥儀』（団結出版社、2007年）として刊行されている。溥儀に仕えた宦官であった孫耀庭の回想録も出版されている。日本語訳は2種類あり、凌海成著、余斌華訳『最後の宦官——溥儀に仕えた波乱の生涯』上下（旺文社、1988年）、賈英華著、林芳監訳『最後の宦官秘聞——ラストエンペラー溥儀に仕えて』（日本放送出版会、2002年）として刊行されている。

溥儀と共に活動していた鄭孝胥については日記が出版されている。鄭孝胥『鄭孝胥日記』（中華書局、1993年）には溥儀に様子について多くの記述が存在する。鄭孝胥に関する研究には以下がある。李君『鄭孝胥——1931年前』（中華書局、2018年）、栗林幸雄「清末における鄭孝胥の思想と行動——幕僚・官僚時期を中心に」（『社会文化史学』38、1998年）、深澤一幸「鄭孝胥氏の駐日公使館員時代」（『大阪大学大学院言語文化研究』32、2006年）、深澤一幸「鄭孝胥氏と東京の漢学者たち」（『大阪大学大学院言語文化研究』34、2008年）、柴田清継、蒋海波「鄭孝胥と神戸、関西の文人たちとの文芸交流」（『武庫川国文』74、2010年）。松宮貴之「泰東書道院の満洲外交——鄭孝胥と清浦奎吾の遣り取りを中心として」（『京都語文』20、2013年）。

羅振玉については、陶徳民、藤田高夫「内藤書簡研究の新しい展開可能性について——満洲建国後の石原莞爾・羅振玉との協働を例に」（『関西大学東西学術研究所紀要』47、2014年）、岡村敬二「羅振玉と日満文化協会——人事問題をめぐって」（『人間文化研究』5、2011年）がある。

溥儀の家庭教師であったレジナルド・ジョンストン（Reginald Johnston）の回顧録は、*Twilight in the Forbidden City*, London, Victor Gollancz, 1934、として刊行されている。翻訳には以下がある。レヂナルド・エフ・ジョンストン著、荒木武行訳『禁苑の黎明』（大樹社書房、1934年）、レジナルド・ジョンストン著、中山理訳『完

訳　紫禁城の黄昏』上下（祥伝社，2005 年），R・F・ジョンストン著，入江曜子，春名徹訳『紫禁城の黄昏』(岩波書店，1989 年，全訳ではない)，レジナルド・F・ジョンストン著，岩倉光輝訳『紫禁城の黄昏　新訳』(本の風景社，2007 年，全訳ではない)。

　　溥儀の父親である載灃の動向も重要である。載灃の伝記については，凌冰『最後的摂政王――載灃伝』(文化芸術出版社，2006 年）がある。

　　満洲国期に宮内府護軍に在職していた王慶元の回想録として，王慶元憶述，王慶祥編『随侍 “康徳皇帝” 紀実――偽満宮内府護軍王慶元回憶録』(群衆出版社，2019 年）がある。王慶祥『溥儀人脈地図』(団結出版社，2007 年）は，溥儀周辺の人物について考察している。

　　溥儀の近くで活動していた工藤忠については，山田勝芳『溥儀の忠臣・工藤忠』(朝日新聞社，2010 年）が考察している。

(3) 時期別の溥儀に関する研究・資料

　　以下では時期別（中華民国期，満洲国期，1945 年から死去まで）に，溥儀に関する研究・資料について述べてみたい。

　　中華民国期の溥儀の伝記としては，秦国経編著『遜清皇室軼事』(紫禁城出版社，1985 年）がある。これは，秦国経編著『溥儀小朝廷軼事』(南粤出版社，1986 年）という書名でも刊行された。日本語訳は，秦国経編著，波多野太郎監訳，宇野直人・後藤淳一訳『溥儀　1912 ～ 1924――紫禁城の廃帝』(東方書店，1991 年）で出されている。天津に住んだ時期（1925 ～ 1931 年）については，李立夫主編『末代皇帝溥儀在天津』(天津人民出版社，2010 年）が刊行されている。張勲による復辟と溥儀の動向については，阿部由美子「張勲復辟と満蒙王公の反応」(『満族史研究』6，2007 年）が考察している。また，資料集としては，存萃学社編集『1917 年丁巳清帝復辟史料彙輯』(大東図書公司，1977 年）が有用である。溥儀の財政状況については，葉秀雲「遜清皇室抵押，拍売宮中財宝述略」(『故宮博物院院刊』1983 年第 1 期）が検討している。中華民国の政局と溥儀の関係については，李坤睿「王孫帰不帰？――溥儀出宮与北洋朝野局勢的変化」(『南京大学学報（哲学人文科学・社会科学）』2012 年第 5 期）が分析している。

　　満洲国期については，秦翰才『満宮残照記』(上海書店出版社，1998 年。原著は 1947 年に中国科学図書儀器公司から出された）が溥儀とその周辺の状況について述べている。また，吉林省档案館編『溥儀宮廷活動録　1932 ～ 1945』(档案出版社，1987 年)，沈燕『偽満皇宮』(吉林人民出版社，2011 年）も満洲国皇宮の状況について検討している。遼寧省档案館編『溥儀私蔵偽満秘档』(档案出版社，1990 年）は，1932 年から

1936 年にかけての溥儀に関する史料が収録されている。

　溥儀の通訳をしていた林出賢次郎の残した「厳秘会見録」は溥儀の動静を知る上で重要である。林出賢次郎,「厳秘会見録」については,以下の研究がある。林正和「林出賢次郎「厳秘会見録」について」(『外交史料館報』創刊号,1988 年),柴田紳一「「林出賢次郎関係文書」について」(『外交史料館報』9,1996 年),中田整一『満洲国皇帝の秘録——ラストエンペラーと「厳秘会見録」の謎』(幻戯書房,2005 年)。林出賢次郎に関する資料は,国立国会図書館憲政資料室に「林出賢次郎関係文書」として 682 点が所蔵されている。

　満洲国期の溥儀に関する研究には以下がある。波多野勝「対満経済政策の展開と日満皇室外交」(『国際政治』97,1991 年),同『昭和天皇とラストエンペラー』(草思社,2007 年)。樋口秀実「満洲国皇帝制度の成立と皇帝即位儀礼」(『国史学』200,2010 年),同「満洲国『建国神廟』創設をめぐる政治過程」(『東洋学報』93-1,2011 年),同「満洲国『帝位継承法』の研究」(『東洋学報』95-1,2013 年)。いずれの研究も水準の高い実証論文である。

　ソ連抑留期については,李立夫主編『末代皇帝溥儀在蘇聯』(天津人民出版社,2011 年) が全般的な状況を述べている。近年はボルジギン・フスレがロシアに所蔵されている史料を発掘し,新たな見解を出している。ボルジギン・フスレは以下の三編の論文を出している。ボルジギン・フスレ「満洲国要人のソ連抑留と中国への移送についての考察——溥儀を中心に」ボルジギン・フスレ主編『日モ関係の歴史,現状と展望』(風響社,2016 年)。同「溥儀文書の基礎的研究——シベリア抑留時代の文献を中心に」(『学苑』925 号,2017 年)。同「溥儀のシベリア抑留に関する再検討」(『学苑』955 号,2020 年)。また孫思源もロシア語資料を積極的に用いており,孫思源「溥儀的被俘和引渡回国始末」(『民国档案』2003 年第 1 期),同「溥儀申請留居蘇聯和引渡回国档案資料」(『近代史資料』106 号,2003 年) を出している。

　撫順戦犯管理所での動向については,撫順市政協文史委員会編『震撼世界的奇跡——改造偽満皇帝溥儀暨日本戦犯紀実』(中国文史出版社,1990 年),王志強主編『末代皇帝溥儀在撫順』(吉林大学出版社,2017 年) が刊行されている。王慶祥『末代皇帝溥儀改造全記録』(天津人民出版社,2009 年) は,満洲国皇帝退位後の 1945 年から特赦を受ける 1959 年までの溥儀について考察している。

　溥儀が現在埋葬されている墓地の状況については,松田徹「愛新覚羅溥儀の墓所について」(『中国研究』25,2018 年) が述べている。

　ボルジギン・フスレ氏は溥儀に関する書籍として以下の文献があると指摘し

ているが，筆者は未見である。潘際坰『末代皇帝秘聞』(文宗出版社，1957 年)。潘際坰『末代皇帝伝奇』(通俗文芸出版社，1957 年)。丁燕石編『溥儀和満清遺老』(世界文物出版社，1984 年)。蔡向東『清宣統皇帝溥儀』(遠方出版社，2010 年)。王開璽『両世溥儀』(蒼璧(台北)，2014 年)。王尚琦『清宣統帝溥儀伝』(団結出版社，2016 年)。趙継敏，王文峰主編『末代皇帝溥儀在長春』(吉林大学出版社，2016 年)。

2 溥儀に関する資料

　小磯国昭の回顧録である『葛山鴻爪』には，満洲国期の溥儀の考えについて興味深い記述がある[1]。

　　又或る日，執政に面謁の上，報告を終わって退出しようとした時，執政から「参謀長，今日は何か取り急ぐ仕事があるか」と訊ねられたから，「今日は差し迫った急な要件はありません」と答えた。「暫く話したいから掛けて呉れ」と言われたので掛けて話を始めた。会話は側近にいた大使館の林出書記官が通訳してくれたのである。その折の執政の談話中には重要な一事があった。それは「参謀長，支那人の中で日本からの恩義というものを一番深く且つ痛切に感じているのは，恐らく自分がその第一人者だろうと確信する。殊に今回，満洲建国の中心者として種々支援して貰っている好意に対しては衷心感謝に堪えない。然し参謀長，私は支那人なのだ。満洲三千万の民衆が幸福になる事丈では，どうしても満足することは出来ない。支那四億の民衆悉くが幸福を贏ち得てこそ初めて天命を全うし得るものだと思っている。そこで若し日本が今後とも自分を支援してくれるものであるならば，自分の中原に出ることを許し且つかくして天命を全うすることを援けて貰いたいと念願しているのだ。幸いにさようなことにでもなったら，満洲は日本に割譲してもよいと思うのだがどうだろう」という意志表示をされたのである。之が果たして執政の本心なのか，また日本の真意を探るためなのかは元より判らない。然しその何れであるにしても筆者の信ずる日本の本心を明確に話して置くことが必要であると思ったから，「閣下の御心中は能く諒解出来ます。何れの日にか閣下は支那四億万民衆の幸福を贏ち得るよう努力されねばならぬ時が来ると思います。然し物事には自ずから順序があります。順序を無視して焦燥，事を断じますと蹉跌して終に一切を破壊に陥れることになります。満洲国は今漸く治安確立の緒に就いたばかりです。産業文化の発展は之からなのです。悠揚迫らず満洲

三千万民衆の上に真の幸福を与えられ，比隣の大衆亦仰いでその傘下に閣
下の徳を謳歌したいと念願するようになった時，閣下は初めて中原に進出
せねばならなくなるのです。今，無理をして中原進出を企図することは畢
竟，二兎を逐うて共に二兎を喪うことになりましょう。閣下先ず以って満
洲国完成の為に徳を積まれるべきであると確信します。尚閣下は場合によ
り満洲を日本に割譲してもよいと言われましたが，日本は満洲に対し微塵
も領土的野心を持っておりません。此の事丈は責任を以って申し上げてお
きます。殊に満洲は閣下御祖先の発祥地ではありませんか。閣下が将来，
中原に進出されると否とに拘わらず満洲に関する限り手離されないことが
必要でしょう。また此の重要機微な本日の御話は断じて他の誰人にもお話
しにならないようお勧め致します。此の事一度外間に漏れると満洲の堅実
な発展を鈍らせる結果となる虞れがあるからです」と言うて辞去した（585
～ 586 頁。現代語的な表記に修正している）。

　この会話からは，溥儀は満洲国の最高政治指導者（執政）の地位にあることだ
けでは満足できず，中原に進出して中国全土を統治したいという考えと，それ
が実現した時には満洲国は日本に割譲してもよいと考えていたこと知ることが
出来る。
　そして，小磯国昭は朝鮮総督在任中の 1943 年（昭和 18 年）に，安東経由で水
豊ダムの視察に来た溥儀に会っている。この時小磯国昭は溥儀に対して以前の
ことを持ち出し，次のように問うていた。

　　嘗て中原への御進出に関する御内意を伺ったことがあります。そして今，
汪精衛氏が南京に中央政権を樹立していますが，民気衆望，遺憾ながら汪
氏に帰服して居らぬようです。中国は由来，徳あれば王たりと言われてい
ます。私は中国の今後の為にも，陛下が王者としての聖徳を益々御顕彰あ
られんことを祈ります。然るときは満洲国三千万大衆の幸福は勿論，中国
の衆望までが期せずして陛下に帰属するであろうことは火を見るよりも燎
かであるとあると確信します。尚，その実現はお互いが大東亜戦争に勝利
を博することに依ってのみ期待し得るものと思われるにつけても，日満一
如，志を同じゅうして生産増強に邁進することが今日の急務であると信じ
ます」と述べた。傍には御附の吉岡中将が居り，通訳は筆者の知己で曩に
満洲国官吏であった上野巍君であった。是等第三者の介在した為，遠慮さ

れたのか否かは判じ難かったが，満帝は筆者の此の進言に対し何等の意思表示はなかった（768頁。現代語的な表記に修正している）。

　中国全土を統治したいという溥儀の考えが，1943年の時点でどうなっていたかについては，溥儀は語らなかったことを述べている。
　次に陸軍軍人であった鈴木貞一が戦後に述べていることを取り上げたい。馮玉祥により紫禁城を退去させられた溥儀をめぐり，日本側は一枚岩ではない対応をしていたことを，参謀本部在勤で北京に駐在していた鈴木貞一は戦後に回想している[2]。

　（馮玉祥が）クーデターをやりましたその時に，宣統帝をどうするかという問題があったんです。宣統帝がまだあそこにおったんです。紫宸殿に。それでどうするかというから，これは宣統帝なんていうものは，将来とにかく支那革命というものを日本がサポートして，これと手を携えるなんというのは有害だ，だからもうこれは日本では構わんほうがいい，なすがままにまかせておくというのが一番いいとこう言ったんです。そうしたら（板垣征四郎は）それに同意した。彼はそのとおりだ，これは将来の支那というものは革命で統一してやるんだから，そのときに邪魔になるようなものは死んだってなんだってかまわないから放っておけばいいということなんだ。それで，そうしたら宣統帝のところにおるほうから日本の大使館に亡命させてくれとこう言うんです。それでどうするかということなんです。人を介してそれから二人（鈴木貞一，板垣征四郎）で相談して，やめよう，これはだめだ。それでやめるほうがいいではないか，それではそうしよう。ところが北京の大使館はかくまおうではないか，というようなことが出た。それで板垣に言って，これはとてつもないことだと言って抗議に行ってくれといったらそれに行くんです。(中略) 馮玉祥がクーデターをやったときにあれ（板垣征四郎）はおったんです。そしておもしろいことに，公使館にそういう空気があったものだから，あれは北京の公使館を守っている中隊があった。北京の歩兵隊というやつ。その歩兵隊の隊長が竹本という人だ。これがまたいろいろな話があるけれども，それが自分でもって連れ出しに行ったわけだ，自動車をもって。そして北京の公使館につれてきた。それで今度はまた芳沢さんのところに私と板垣の今度は二人でいって，追い出してくれとこういって詰め寄ったんだけども，大使館は頑として聞かない。そ

して非常にやかましくなったものだから，われわれはとてももういかん，そんなものを日本がかくまっておったら支那全体を敵にするようになると脅かしたものだから，それであれは公使館でもって天津に輸送しましてかくまったとこういうことをやった（261～263頁。現代語的な表記に修正している）。

陸軍軍人の鈴木貞一と外務省の芳沢謙吉とでは溥儀に対する方針が異なっていたことを述べている。

次に外務省記録の中にある溥儀とその周辺の動向に関する資料を取り上げたい。溥儀をめぐる日本側の思惑について，1925年3月12日に久保豊四郎関東庁警務局長が在京長官宛てた電報には次のようにある[3]。

　　三月五日発貴電並外務大臣来電第十一号ノ趣旨ハ小生ヲ通シ川島（浪速）ニ伝ヘ置キタル処，昨十一日川島ハ小生ト共ニ外事課長ヲ来訪シ語リタル所ニ依レハ，曩ニ宣統帝近侍ノ一人ニ宛テ此際帝ノ日本行ハ種々ノ事情上甚タ面白カラサル旨ヲ申送リタルコトアルモ，大連旅順ニ渡来アラムコトヲ慫慂シ又ハ画策運動シタルコト無ク，本件ノ如キ国際上種々ノ事態ヲ生シ易キ問題ニ付，我官憲ノ了解ヲ求メス勝手ニ行動スルノ意志更ニナシ。目下粛王家ノ財産整理ニ苦心多忙ノ折柄ナレハ，若シ宣統帝渡来セラレ，自然自分（川島浪速）ニ依頼セラルルコトトモ成ラハ実ハ迷惑ノ次第ナリ。然レトモ段執政（段祺瑞）カ帝ニ好意ヲ有スルトモ，民党トノ関係其他ニ因リ実際如何ナル待遇ヲ為スヘキヤ又其ノ内閣モ永続スルヤ計リ難ク，結局帝ノ身辺前途ハ不安ニシテ北京及天津ニ落着クヲ得ス，早晩国外ニ亡命ノ余儀ナキニ至ルヘク，其ノ際ハ大連旅順ニ来ルノ外無カルヘシ。而シテ帝ノ一行カ何等政治上ノ意図ヲ有セス，只管安住ノ地トシテ平穏ニ起居セントスル以上我方トシテハ之レヲ拒ムノ謂ハレ無ク，相当待遇ヲ与フヘキモノナルヘシト謂フニ在リ。……略……溥侗ハ本月三日渡来シ専ラ恭親王粛王家憲奎及川島ニ打合セ，最後ニ恭親王ト共ニ二,三日前白川軍司令官ヲ訪問セリ。同人ハ革命勃発ノ際大連ニ滞在シタルコトアル趣ニテ，此レト云フ具体案ヲ有セサルモ，奉天宮殿ノ宝物ヲ処分スレハ百万元位ノ資金ヲ得ヘク，差当リ十万元ヲ以テ旅順大連ノ内ニ宣統帝ノ住居ヲ新築シ度シト考ヘ居ルトノコトナリ。
　　川島ノ意向以上ノ如ク外ニ大連旅順ニ於ケル邦人中本件ニ関シ格別画策運動シ居ル者無キカ如シ。尚又関東軍司令部及満鉄本社側ノ意向左ノ如シ。

関東軍司令部ハ北京及天津ニ於ケル情勢其他ニ顧ミ，此際宣統帝ノ当方面渡来ハ好マシカラストノ意向ニシテ，白川軍司令官ハ恭親王カ訪問シタル節右ノ趣旨ヲ告ケラレタルニ，恭親王ハ全然同意ナルモ唯帝ノ周囲ノ者色々画策シ居ルニ対シ義理上反対ノ態度ニ出ツルヲ得ス，一応賛意ヲ表スル次第ナリトノ真意ヲ漏セル趣ナリ。

　満鉄側ニ於テモ右ト同意向ニシテ上田秘書役ノ外事課長ニ語ル処ニ依レハ，奉天張作霖ノ内意ヲ質シタルニ，今日復辟問題ノ如キハ時代錯誤ニシテ，帝ノ当方面渡来ハ徒ニナキ腹ヲ探ラレ迷惑ナリトノ意味ニテ，満鉄トシテモ假令帝ノ渡来アルモ資金等ノ融通其他ノ便宜ハ絶対ニ出来ス，帝ノ渡来ハ寧ロ避ケ度キモノナリトノコトナリ。(アジア歴史資料センター，文書番号 B02031722200。適宜句読点を加えた)

　溥儀周辺は大連・旅順に溥儀を受け入れる新宅を作りたい意向であったが，相談を受けた川島浪速は躊躇していること，関東軍，満鉄も公然とは賛成していない状況を述べている。

　最後に，満洲国期の溥儀をめぐる動静について述べた，1935 年 4 月 25 日に吉林総領事森岡が広田外務大臣に宛てた電報には次のようにある[4]。

　満洲事変後帝制実施前，熙洽カ中心トナリ溥儀執政ヲ北平ニ擁立シ，北支一帯ニ於テ清朝ノ復辟ヲ行ハントノ秘密運動アリタル次第ハ御承知ノ通ナルカ，最近又一部ノ人ノ間ニ支那国民特ニ青年ノ脳裡ニハ過去三十年来ノ排日教育及満洲事件ノ刺激カ深刻ニ浸潤シ，従ツテ同国ト日満トノ親善ハ将来永遠ニ望無ク，且蔣介石ノ死後ハ支那ハ再ヒ支離滅裂ノ状態トナルヘキヲ以テ，寧ロ早キニ及ヒテ前清皇族例ヘハ溥傑ノ如キヲ北平ニ擁立シテ復辟ヲ行ヒ，成功スレハ満洲国皇帝陛下ヲ北平ニ移シ奉リ，満洲国ハ日本ノ委任統治下ニ置クヘシトノ議論ヲナスモノアルヤニ仄聞スル処，今回事実上ノ用向ヲ以テ天津ヨリ当方面ニ出張シ来レル謝呂生 (現在ハ一切政治問題ニ関係セス) 本官ヲ来訪シテ本件ニ言及シ，右ノ議論ハ満洲国ニ於テハ監察院長羅振玉最熱心ニ之ヲ主張シ，天津方面ニ於テハ金城銀行周作民及陸宗輿等之ニ共鳴シ，其ノ他民間有力者ニ賛成者鮮カラサルモ，彼等ハ何レモ実力ヲ有セサルヲ以テ此ノ運動カ実現スルカ為ニハ少クトモ一億万円位ノ運動費ヲ要スヘク，結局一ノ空想ニ終ルヘキモ，斯ル思想ノ伝播ハ一概ニ侮リ難シト語レリ。尚本件ハ部外極秘扱ヲ請フ。大臣ヘ轉電セリ。(アジア

歴史資料センター，文書番号 B02031723000。適宜句読点を加えた）

　溥儀の周辺に存在した清朝復活計画の状況について述べている。まず清朝の皇族（この計画では溥傑）を北京で擁立して復辟をおこない，成功すれば溥儀は北京に移り，満洲国は日本の委任統治とする計画が立てられていた。この計画に羅振玉らは賛成しているが，賛同者の実力は弱いので計画倒れに終わるだろうが，こうした計画が話し合われていることは問題だとしている。

おわりに

　溥儀に関する資料は，今後も発掘していく必要はあり，より多面的，総合的な溥儀像を構築する試みが望まれている。溥儀の生涯は清朝期（1906 〜 1912），中華民国期（1913 〜 1931），満洲国期（1932 〜 1945），ソ連抑留期（1945 〜 1950），中華人民共和国期（1950 〜 1967）に分けられる。各時期の状況に関する知識が必要であるが，論者によっては特定の時期の考察から溥儀の性格を論断している。総合的な溥儀理解を目指すのであれば，溥儀の事蹟の追究とともに，溥儀の生きた時代についての理解も不可欠である。

註

1　小磯国昭『葛山鴻爪』（中央公論事業出版，1963 年）。
2　山口利昭編『鈴木貞一氏談話速記録　下』（日本近代史料研究会，1974 年）。
3　外務省記録 A-6-1-1-6「宣統帝復辟問題雑件」。
4　同上。
.

参考文献

（日本語）
愛新覚羅毓嶦他著, 菅泰正翻訳・編集『素顔の皇帝・溥儀』（[第 1 巻]大衛出版社, 1988 年）。
阿部由美子「張勲復辟と満蒙王公の反応」（『満族史研究』6，2007 年）。
入江曜子『溥儀──清朝最後の皇帝』（岩波書店，2006 年）。
和泉誠一『満洲國皇帝陛下』（二松堂書店，1935 年）。
内山舜『執政溥儀──宣統帝より執政まで』（先進社，1932 年）。
岡村敬二「羅振玉と日満文化協会──人事問題をめぐって」（『人間文化研究』5, 2011 年）。
小野忍・野原四郎監修, 新島淳良・丸山昇訳『わが半生』（大安，1965 年）。
賈英華著, 林芳監訳『最後の宦官秘聞──ラストエンペラー溥儀に仕えて』（日本放送出版会，2002 年）。
栗林幸雄「清末における鄭孝胥の思想と行動──幕僚・官僚時期を中心に」（『社会文化史学』38，1998 年）。
柴田清継, 蔣海波「鄭孝胥と神戸, 関西の文人たちとの文芸交流」（『武庫川国文』74,

2010 年）。

柴田紳一「『林出賢次郎関係文書』について」（『外交史料館報』9，1996 年）。

周君適著，鄭然権訳『悲劇の皇帝溥儀』（恒文社，1984 年）。

秦国経［編著］，波多野太郎［監訳］，宇野直人・後藤淳一［訳］『溥儀　1912-1924
　　　　──紫禁城の廃帝』（東方書店，1991 年）。

陶徳民，藤田高夫「内藤書簡研究の新しい展開可能性について──満洲建国後の石原
　　　　莞爾・羅振玉との協働を例に」（『関西大学東西学術研究所紀要』47，2014 年）。

中保與作『満洲国皇帝──新帝国創建秘史』（日本評論社，1935 年）。

中田整一『満洲国皇帝の秘録──ラストエンペラーと「厳秘会見録」の謎』（幻戯書房，
　　　　2005 年）。

波多野勝「対満経済政策の展開と日満皇室外交」（『国際政治』97，1991 年）。

波多野勝『昭和天皇とラストエンペラー』（草思社，2007 年）。

林正和「林出賢次郎『『厳秘会見録』について」（『外交史料館報』創刊号，1988 年）。

樋口秀実「満洲国皇帝制度の成立と皇帝即位儀礼」（『国史学』200，2010 年）。

樋口秀実「満洲国『建国神廟』創設をめぐる政治過程」（『東洋学報』93-1，2011 年）。

樋口秀実「満洲国『帝位継承法』の研究」（『東洋学報』95-1，2013 年）。

深澤一幸「鄭孝胥氏の駐日公使館員時代」（『大阪大学大学院言語文化研究』32，2006 年）。

深澤一幸「鄭孝胥氏と東京の漢学者たち」（『大阪大学大学院言語文化研究』34，2008 年）。

ヘンリー・マカリーヒー著，田中文蔵［訳］『悲劇の皇帝溥儀』（弘文堂，1964 年）。

ボルジギン・フスレ「満洲国要人のソ連抑留と中国への移送についての考察──溥儀
　　　　を中心に」（ボルジギン・フスレ［主編］『日モ関係の歴史，現状と展望』風響社，
　　　　2016 年）。

ボルジギン・フスレ「溥儀文書の基礎的研究──シベリア抑留時代の文献を中心に」（『学
　　　　苑』925 号，2017 年）。

ボルジギン・フスレ「溥儀のシベリア抑留に関する再検討」（『学苑』955 号，2020 年）。

松田徹「愛新覚羅溥儀の墓所について」（『中国研究』25，2018 年）。

松宮貴之「泰東書道院の満洲外交──鄭孝胥と清浦奎吾の遣り取りを中心として」（『京
　　　　都文』20，2013 年）。

山田勝芳『溥儀の忠臣・工藤忠』（朝日新聞社，2010 年）。

山田清三郎『皇帝溥儀』（くろしお出版，1960 年）。

李玉琴［著］，菅泰正［翻訳・編集］『素顔の皇帝・溥儀』（［第 2 巻］大衛出版社，1988 年）。

李淑賢［著］，菅泰正［翻訳・編集］『素顔の皇帝・溥儀』（［第 3 巻］大衛出版社，1988 年）。

李淑賢資料［提供］，王慶祥［編集］，銭端本・董国良・太田光治・二夕川忠弘［訳］『溥
　　　　儀日記』（学生社，1994 年）。

李淑賢［著］，王慶祥［編］，林国本［訳］『わが夫，溥儀──ラストエンペラーとの日々』
　　　　（学生社，1997 年）。

凌海成［著］，余斌華［訳］『最後の宦官──溥儀に仕えた波乱の生涯』（［上下］旺文社，
　　　　1988 年）。

レヂナルド・エフ・ジョンストン［著］，荒木武行［訳］『禁苑の黎明』（大樹社書房，
　　　　1934 年）。

レジナルド・ジョンストン［著］，中山理［訳］『完訳　紫禁城の黄昏』（［上下］祥伝社，
　　　　2005 年）。

R・F・ジョンストン［著］，入江曜子，春名徹［訳］『紫禁城の黄昏』（岩波書店，1989 年）。

レジナルド・F・ジョンストン［著］，岩倉光輝［訳］『紫禁城の黄昏：新訳』（本の風景社，
　　2007 年）。

（中国語）

愛新覚羅・溥儀『我的前半生（灰皮本）』（群衆出版社，2011 年復刻）。

愛新覚羅・溥儀『我的前半生（定本）』（群衆出版社，1964 年）。

愛新覚羅・溥儀『我的前半生（全本）』（群衆出版社，2007 年）。

存萃学社［編集］『1917 年丁巳清帝復辟史料彙輯』（大東図書公司，1977 年）。

撫順市政協文史委員会［編］『震撼世界的奇跡──改造偽満皇帝溥儀暨日本戦犯紀実』（中
　　国文史出版社，1990 年）。

吉林省档案館［編］『溥儀宮廷活動録　1932 〜 1945』（档案出版社，1987 年）。

遼寧省档案館［編］『溥儀私蔵偽満秘档』（档案出版社，1990 年）。

李国雄［口述］，王慶祥［撰写］『他者眼里溥儀』（団結出版社，2007 年）。

李坤睿「王孫帰不帰？──溥儀出宮与北洋朝野局勢的変化」（『南京大学学報［哲学人
　　文科学・社会科学］』2012 年第 5 期）。

李立夫［主編］『末代皇帝溥儀在天津』（天津人民出版社，2010 年）。

李立夫［主編］『末代皇帝溥儀在蘇聯』（天津人民出版社，2011 年）。

李立夫［主編］『溥儀研究』（［上・下］天津人民出版社，2012 年）。

李君『鄭孝胥──1931 年前』（中華書局，2018 年）。

李淑賢［憶述］，王慶祥［撰写］『我的丈夫溥儀』（団結出版社，2007 年）。

李淑賢［提供］，王慶祥［整理注釈］『溥儀日記　全本』（［上・下］天津人民出版社，2009 年）。

凌冰『最後的摂政王──載灃伝』（文化芸術出版社，2006 年）。

呂永岩『溥儀伝』（人民文学出版社，2006 年）。

呂長賦，紀紅民，兪興茂［編］『溥儀離開紫禁城以後──愛新覚羅家族成員的回憶』（文
　　史資料出版社，1985 年）。

孟向栄『探尋丢失的歴史「我的前半生」出版史話』（中国文史出版社，2016 年）。

秦国経［編著］『遜清皇室軼事』（紫禁城出版社，1985 年）。

秦国経［編著］『溥儀小朝廷軼事』（南粤出版社，1986 年）。

秦翰才『満宮残照記』（上海書店出版社，1998 年）（原著は 1947 年に中国科学図書儀器
　　公司から出版された）。

沈燕『偽満皇宮』（吉林人民出版社，2011 年）。

孫喆牲『愛新覚羅溥儀伝──中国末代皇帝』（華文出版社，1990 年）。

孫思源「溥儀的被俘和引渡回国始末」（『民国档案』2003 年第 1 期）。

孫思源「溥儀申請留居蘇聯和引渡回国档案資料」（『近代史資料』106 号，2003 年）。

楊照遠，劉暁暉『溥儀外記』（吉林文史出版社，1987 年）。

王慶祥『婉容／文繡伝』（団結出版社，2005 年）。

王慶祥『譚玉齢／李玉琴伝』（団結出版社，2006 年）。

王慶祥『溥儀人脈地図』（団結出版社，2007 年）。

王慶祥『末代皇帝溥儀改造全記録』（天津人民出版社，2009 年）。

王慶祥『我的半生──背後的惊天内幕』（天津人民出版社，2011 年）。

王慶祥，陳宏，張臨平『溥儀全伝』（群衆出版社，2016 年）。

王慶祥『溥儀年譜』（群衆出版社，2017 年）。

王慶元憶述，王慶祥［編］『随侍"康徳皇帝"紀実──偽満宮内府護軍王慶元回憶録』（群

衆出版社，2019 年）。

王文鋒，趙継敏［主編］『末代皇帝溥儀在紫禁城』（吉林大学出版社，2013 年）。

王志強［主編］『末代皇帝溥儀在撫順』（吉林大学出版社，2017 年）。

葉秀雲「遜清皇室抵押，拍売宮中財宝述略」（『故宮博物院院刊』1983 年第 1 期）。

鄭孝胥『鄭孝胥日記』（中華書局，1993 年）。

カンジュルワ・ホトクトと溥儀の交際の一コマ

1913 年「内モンゴル丑年動乱」での
カンジュルワ・ホトクトの印章について

海　中雄

（Baatar C. H. Hai）

はじめに

　1911 年 12 月 24 日，北京のモンゴルの王侯たち，外モンゴルのナヤントゥ，内モンゴルのゴンサンノルブ，新疆のパラタが主となり，清朝の溥儀を支持し，清帝国を滅亡の運命から救うため，「モンゴル王侯連合会」を設立し，大きな皇帝保護の力を形成した。その後 1912 年 1 月 17 日から 23 日，何度かの「御前会議」での「退位の争い」で，モンゴル王侯はみな激しく発言し，清朝の溥儀の退位に反対した。会議はモンゴル王侯の激しい反対のために解決できなかった[1]。清代は，ヌルハチから内モンゴルとは友好関係にあり，ホンタイジのモンゴル八旗拡大，大清帝国成立まで，モンゴルの王侯貴族，活仏は，清帝国と特殊な共生関係を築き[2]，立憲君主を支持し，共和を認めなかった。

　モンゴル王侯の御膳会議での発言は，歴史資料に詳しく記されていないので全貌が知り得ない。しかし幸いにも当時の新聞にある報道が残されている。『パラタは共和の声を認めず』の記事は，パラタが歴史上に残した人心を驚かす豪語だけでなく，当時のモンゴル王侯貴族活仏の心境も反映している。パラタは，モンゴルが中国に従うのは，「ただ清の宮廷との血縁関係がある」からであり，二百年あまり，藩となって相思相愛であった。「いったん清の宮廷をなくせば，モンゴルと中国は関係を断絶することになり，将来は中原を追い出され，国の行方がわからない」[3]。

　1912 年，清の皇室の宗社党とモンゴル王侯が連携して皇室を守ろうとしたとき，1 月 26 日，宗社党のリーダー良弼が爆弾に襲われ，救助されるも 29 日に亡くなった。北京の皇室保護情勢にも変化が起きた[4]。まもなく，2 月 9 日，モン

ゴル王侯連合会は南京政府に電話をし、共和支持を伝えた[5]。これが清朝を倒す最後の一撃となった。2月12日、清の朝廷は「退位の詔」を発表し、大清の時代に幕を下ろした[6]。

　しかし、内モンゴルの著名な宗教指導者カンジュルワ活仏は、そのとき「満蒙一家」の意識に固執し、溥儀の退位という大きな変化にあって、彼は1912年8月になってやっと袁世凱に共和賛同の書を送った[7]。1913年、外モンゴルのジョブスンタンバ・ホトクトが大モンゴル国を打ち立てる軍事行動を起こしたとき、カンジュル活仏はすぐに共和を放棄し、ひるがえって大モンゴル国設立を支持、ここに「内モンゴル丑年動乱」という不幸な事件が発生した。

1　1913年「内モンゴル丑年動乱」

　1912年8月、カンジュルワ活仏が袁世凱に共和擁護の書を送ったあと、10月、カンジュル活仏は北京に行き、中華民国成立後初の建国セレモニーに参加し、「ホトクト」の法号と銀の印章を受け取り、ラマ印務処を引き継ぎ、内モンゴル最高の宗教指導者となった[8]。しかし間もなく彼はこの職務を辞去し、当時の内モンゴルの政治と宗教の中心地ドロンノールを離れ、30里（約15キロ）離れたジョスナイム（昭蘇乃木）城新寺院に居を移し、外モンゴルと頻繁に接触するようになった。この行いは北洋軍閥から離反とされ、ジョブスンタンバの大モンゴル国建設を支持する現れだと思われた[9]。

　1913年1月24日、モンゴル国政府は内モンゴルを「取り戻す」計画を批准した。遠征軍は三方向に分かれて進攻し、主要軍の中路軍がドロンノールを進攻した。当該地の主要な寺である彙宗寺のチャルジ活仏が挙兵して助け、カンジュル活仏は関連する軍事情報を提供した。一方、チャンキャ活仏の弟子たちは、統一独立の争いに巻き込まれるような危険を冒したくないと異議を唱えた[10]。

　1913年7月13日、中路軍の先頭部隊はナムサライ（Namsarai bataar, カンジュル活仏の施主）に率いられ、ジョスナイムに到達した。北法政府のドロンノール守備軍は主導的に出撃し、モンゴル軍と激戦を繰り広げた。かなわないと見たモンゴル軍は、カンジュルワ活仏はナムサライ将軍に包囲を突破して撤退するよう勧め、自信は寺院裏の倉の楼閣から見送った。このとき思いがけず廃寺から追撃してきた北洋軍の士官・高青山によってとらえられた[11]。

　高青山は4世カンジュル活仏に聞いたと言われる。「あなたは活仏なのだから、語訳年前のこと、五百年後のことを知っているはずだ。自分がいつ死ぬか知っているのか」と。そう言うと、活仏は銃殺された[12]。

写真 1　カンジュルワ・ホトクトの官印
銀製，印座：7.8cm × 7.8cm × 2cm
その楕円の円柱のつまみ頂部分 2.5cm，幅 1.5cm，高さ 9cm，重さ 1.8 キログラム
印座の背面の右に「円通善慧・甘珠爾瓦・墨爾根・呼図克図印」，その左に「政事堂印鋳局造」と
ある。もう一つの印座の右に「中華民国三年六月　日」，左に「華字第一百四十七号」と刻まれて
いる。

　最終的に「丑年動乱」は幕を閉じたが，活仏は殉死し，寺は略奪され燃やされ，
活仏の法印も捨てられ，北法軍の暴行はモンゴルの民衆の激しい怒りを買った。
粗暴に初物を殺したことは決して許されない罪だからだ。北法政府は民心を慰
撫するため，怪獣補償の措置をたくさん出した。その一つは，活仏の弟子や信
者を慰めるため，北法政府は異例中の異例にも当事者の死後に官印を発行し，
カンジュルワ・ホトクト系譜の法統の伝承を落ちないようにした[13]。
　袁世凱政府の懐柔政策は誠意があるように見えるが，実際の結果はどうであっ
たか。
　1914 年 6 月，政事堂印鋳局が担当した「円通善慧・甘珠爾瓦・墨爾根・呼図
克図印」が完成したが，官印の真ん中には鋭い刃物で六つの篆刻書体で「民国
三年補鋳」と刻まれた。1949 年，チャンキャ活仏が台湾に来てから発行した法
印は，その印面，印座には「補鋳」の字が消されていた。それはこの 6 つの文
字が恥辱であること，警戒するものであることを明らかにし，北洋軍閥がどん
なに懐柔しようとしたことがモンゴル人民に印章を作り直させる警告となった
ことを暗示している。
　しかし，より多くのモンゴル人にとって，この入れ墨のような印象は，モン
ゴル人の心に刺さった傷跡に似て，四世カンジュル活仏が草原の民を庇護した

写真 2　カンジュルワ・ホトクトの官印
この印文はこのようになっている。
右半分はモンゴル文字：BYKY NEBTERKEI SAIN SECEN GANJUURB-A MERGEN XUTUGTU IIN TAMAGA
間は漢字：円通善慧甘珠爾瓦墨爾根呼図克図印
中央に篆書体：民国 3 年補鋳
左半分はチベット文字：KHE CHOG GEWE YESHE KANGYUR MURGE HUTUKTU YI TAMKA

　ことを記念する聖蹟である。活仏がいなくても，法統はなお存在し，法印があれば信仰と希望は消えることはない。このような期待のもと，五世カンジュル活仏が法統を引き継ぎ，信者を慰め，傷はしだいに癒えていった。
　5 世カンジュル活仏が仏教を学んでいるとき，1924 年 4 月，カンジュル活仏11 歳のとき，その補佐，ヤ・ジャサク僧が活仏を連れて北京に行き，政府側とつなぎの工作をした。カンジュル活仏が北京で活動していた期間，曹錕大総統と謁見したほか，紫禁城で溥儀と面会した。カンジュル活仏は溥儀に「謁見」したとき，かつて 4 世カンジュル活仏の「満蒙一家」の意識を感じ，その場に鮮明に現れていた。カンジュル活仏の回想には，当時面会した状況を下記のように残している。
　「曹大総統と面会した後，譲位した宣統（溥儀）皇帝に面会に行かなければならなかった。そのときの総統はかつての皇帝の御苑にある中南海の中にあり，譲位した皇帝は紫禁城の中の小さな朝廷にいた。私が謁見に行ったとき，とても礼遇された。まるでこの小さな頂点がこのことを非常に喜んでいるようだった。その時私はまだ小さな子どもで，政治に関係するどんな複雑な問題があるとは思ってもいなかったので，この珍しいことにただ，とてもおもしろいと思っただけだった。私が紫禁城の城門に入ると，私は「賜伝朝馬」をたまわっ

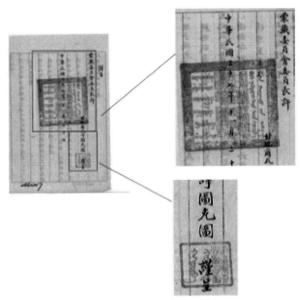

写真3　捺印した公文（一部）

た。これは王侯や忠臣への特別な栄誉である。「謁見」のとき，この皇帝は「黄轎」を賜り，私に以後，旅行のときに使うようにと言った。このような栄誉は清朝ではたった二人のモンゴルの宗教指導者にしか贈られていない。一人は外モンゴルのジョブスンタンバ・ホトクト，もう一人はチャンキャ・ホトクトである」[14]。

　1945年，第2次大戦末期，ソ連・モンゴル連合軍が内モンゴルのドロンノール付近に迫ってきたとき，五世カンジュル活仏は弟子たちを連れてドロンノールの彙宗寺を離れた。赤軍がドロンノールに侵攻すると，活仏の寺院は破壊され，代々勅封に用いた官印や文書がすべて失われ[15]，ただ袁世凱が補鋳した「円通善慧・甘珠爾瓦・墨爾根・呼図克図」の銀印だけになり，カンジュル活仏が身につけて隠し，一九四九年活仏とともに台湾にもたらされた。

2　カンジュルワ・ホトクト印章の使用記録

　1. 1948年晩秋，5世カンジュル活仏が南京に行き，蒙蔵委員会の許士英委員長が対応し，そのあと蒋介石総統と面会することになった[16]。活仏が南京にいた，1948年11月20日，蒙蔵委員会に上申し，「カンジュルワ・ホトクト北平辦

写真 4　捺印した公文（一部）　　　　写真 5　捺印した公文（一部）

事処」設立を願い出た。1949 年 1 月 8 日，蒙蔵院会は文書を交付し，当該ホト
クトが駐在地にもどる前，経費を自己負担する前提で暫定的に北京での辦事処
設立を許可した[17]。

　以下その文書に用いた印である。

　2.　1949 年，5 世カンジュル活仏は南京から広州に行き，台湾へと向かった。
1957 年 4 月 12 日，活仏は蒙蔵委員会に上申し，「カンジュルワ・ホトクト辦事処」
の回復を申請した[18]。

　以下その文書に用いた印である。

おわりに

　5 世カンジュル活仏は 1978 年 6 月 13 日（旧暦 5 月 8 日）亡くなった。6 月 29 日
北投の法雨寺の慰霊塔の前で荼毘にふす儀式が行われた。このときの炎は 5 日
間燃え続け，7 日目，彼の弟子の広定法師が遺骨を拾い，仏舎利の儀式を行った。
塔を開いた瞬間，信者たちは呆然とした。カンジュル活仏の遺休は火葬の火に
燃え尽きることなく，おおよその形が保たれていたのだ。

　広定法師は台湾の現代彫刻の巨匠，楊英風，朱銘を招いて，共同で像を彫刻
してもらい，カンジュル活仏の全身の舎利をその中に安置し，カンジュル精舎
に収めた。活仏の弟のコンチュガツアドンは活仏の事後のことを終えると，弟
子を精舎の守りとして残し，自身は活仏の法印を携えて，その後台北から離島

の澎湖諸島に居を移し，最後は北投の普済寺に移った。

註

1　溥偉「護国御前会議日記」（『辛亥革命』［第 8 冊］上海：上海人民出版社，1957 年，
　　pp.112-114）。

2　Johan Elverskog, *Our Great Qing: The Mongols, Buddhism, and the State in Late Imperial China*,
　　Honolulu: University of Hawaii Press, 2006, p.169. 楊昂「清帝『遜位詔書』在中華民国統
　　一上的法律意義」（中国社会科学院法律研究所『環球法律評論』2011 年第 5 期，pp.8-
　　25）。

3　渤海壽臣［編］『辛亥革命始末記』（台北：文海出版社, 1960 年, pp.899-900）。定宜庄『府
　　門児，宅門児』（北京：北京出版社，2017 年，p.401）。

4　馬大正「清末土爾扈特蒙古郡王帕勒塔述論」（『慶祝王鐘翰先生八十歳学術論文集』瀋
　　陽：遼寧大学出版社，1993 年）。

5　渤海壽臣［編］，前掲『辛亥革命始末記』（pp.970-971）。

6　編者不明『宣統政記』（台北：文海出版社，1986 年，p.1251）。

7　任月海『多倫匯宗寺』（北京：民族出版社，2005 年，pp.196-197）。

8　札奇斯欽・海爾保羅『一位活仏的伝記——末代甘珠爾瓦・呼図克図的自伝』（台北：聯
　　経出版事業公司，1983 年，pp.31-32）。

9　楊学文『多倫諾爾散落的記憶』（呼和浩特：内蒙古人民出版社，2010 年 , p.280）。札奇
　　斯欽・海爾保羅，前掲『一位活仏的伝記——末代甘珠爾瓦・呼図克図的自伝』（pp.31-32）。

10　任月海，前掲『多倫匯宗寺』（p.196）。

11　札奇斯欽・海爾保羅，前掲『一位活仏的伝記——末代甘珠爾瓦・呼図克図的自伝』
　　（pp.34-35）。任月海，前掲『多倫匯宗寺』（p.196）。

12　楊学文，前掲『多倫諾爾散落的記憶』（p.280）。

13　札奇斯欽・海爾保羅，前掲『一位活仏的伝記——末代甘珠爾瓦・呼図克図的自伝』
　　（pp.82-83）。

14　同上（p.46）。

15　同上（p.186）。

16　同上（p.187）。

17　文化部甘珠爾瓦・呼図克図档案（台北）。

18　同上。

参考文献

（中国語）

渤海壽臣［編］『辛亥革命始末記』（台北：文海出版社，1960 年）。

［編者不明］『宣統政記』（台北：文海出版社，1986 年）。

定宜庄『府門児，宅門児』（北京：北京出版社，2017 年）。

溥偉「護国御前会議日記」（『辛亥革命』［第 8 冊］上海：上海人民出版社，1957 年）。

馬大正「清末土爾扈特蒙古郡王帕勒塔述論」（『慶祝王鐘翰先生八十歳学術論文集』瀋陽：

遼寧大学出版社，1993 年)。

任月海『多倫匯宗寺』(北京：民族出版社，2005 年)。

文化部甘珠爾瓦・呼図克図档案 (台北)。

楊昂「清帝『遜位詔書』在中華民国統一上的法律意義」(中国社会科学院法律研究所『環球法律評論』2011 年第 5 期)。

楊学文『多倫諾爾散落的記憶』(呼和浩特：内蒙古人民出版社，2010 年)。

札奇斯欽・海爾保羅『一位活仏的伝記──末代甘珠爾瓦・呼図克図的自伝』(台北：聯経出版事業公司，1983 年)。

(英語)

Johan Elverskog, *Our Great Qing: The Mongols, Buddhism, and the State in Late Imperial China*, Honolulu: University of Hawaii Press, 2006.

〈訳：納村公子〉

末代皇后の教師「任薩姆」について

程　方毅

（Fangyi Cheng）

　任薩姆の名は，溥儀の自伝『私の前半生』の第4章，彼が天津時期の生活と出会った人物を記したところで最初に見える。彼は自身の1927年のある日記をもとに，彼の当時の天津での一日の活動を叙述している。

　　8月5日，朝7時に起床，洗顔を終え，蕭丙炎が診察する。8時。鄭孝胥が『通鑑』を講義する。9時，園内を散歩し，康有為と面会する。10時過ぎ，康辞去し，張憲及び張慶昶が到着，彼らを引き留めて朝食，両者に福寿の字を一枚授け，園内で一緒に写真を撮る。張憲は李景林の部隊の健将，張慶昶は孫伝芳軍の部隊の猛将である。12時辞去する。済煦と面会，ほどなくして帰る。余が果物，茶を頂戴していると，英国の任薩姆女史が到着，互いに話をする。皇后が呼び寄せた女絵師も到着，余は寝室に戻り休息する。園内で自転車に乗り，薄暮に車に乗って園を出て，新しく屋敷を買った場所に赴き，ほどなくして帰る。8時過ぎ夕食，休息，結保川医師と面会。11時就寝[1]。

　日記の中で言及される「任薩姆女史」がずっと学会において婉容の英語教師と認識されている「イザベル・イングラム」女史である[2]。イザベル・イングラム（Isabel Ingram）は1902年北京生まれ，というのも彼女の父親ジェームス・ヘンリー・イングラム（James Henry Ingram）がアメリカ公理会の会員として，早くから北京に派遣されており，また北京共和医学院を作る主要メンバーの一人でもあっかからである。イザベル・イングラムは1922年から紫禁城に入り，当時溥儀の皇后になったばかりの婉容の英語教師となった。
　しかし，イザベルが任命されたことが学会でもよく知られ，その上しばしば

言及されるのは，決して『私の前半生』のこの段落のためだけではなく，溥儀と直接関係する著名文物国外流出事件とも関係しているからである。1931 年 5 月，当時米国のネルソン・アトキンス美術館に頼まれて中国で芸術品を購入していたランドン・ウォーナー（Langdon Warner）はローレンス・シックマン（Laurence Sickman）に随行して天津に来て，直接溥儀から書画を購入した。当時シックマンはハーバード大学を卒業して間もなくの身であり，ウォーナーの助手として学んでいた。今回の天津の旅でウォーナーとシックマンは最終的に四枚の絵を購入しており，個別に並べると陳淳「荷花図巻」，郭忠恕を手本にした「雪霽江図真希」，金廷標「竹渓六逸」と董其昌が黄公望を手本にした山水画である。この四枚の作品も最も早くネルソン・アトキンス美術館に収蔵された中国絵画である[3]。しかしこの事件に関しては当事者の記録でもはっきりと異なる二種類のテキストが存在している。

シックマンの後の回想では，この事件がこう記されている。

　　彼（溥儀）の教師は彼と仲の良いある英国人女性であった。この女性はウォーナーと出会って，その上彼に皇帝と皇帝の住居を紹介してもよいと言った。彼女は皇帝が彼の入用のため一部の文物を売ってしまいたいのだと仄めかした。その後紹介を経て，我々は赴き，たくさんの巻物を目にした。皇帝には書画を官吏する家臣——多くの旧満州家臣にも含まれる——がいた。溥儀は絵に対しては興味がなかった。彼は新しいオートバイを買ったばかりだった。彼が外に出かける際は彼の新車が試され，その後戻ってきて私たちを監視し，またオートバイで出かけるという具合で……我々はその時直接 3，4 枚の絵を買った。これも私たちが手に入れた最初の絵——皇帝のもとで直接手に入れたものである。

これがウォーナーとシックマンが中国で絵を買った最初の出来事であり，溥儀が故宮の文物を売客して中国の文物流出を招いた直接の証拠でもある。シックマンの記述では，その時の文物の買い付けがとても順調であったかのようである。しかし溥儀の側の記載では，決してこの通りではない。当時溥儀の近臣胡嗣瑗による『直廬日記』の記述によれば，1931 年 5 月 5 日，当時天津静園に住んでいた溥儀は彼に一通の白筆の指示を送っている。

　　　　以前皇后の英語教習を以前担当していた英人任蘭葓は米国の博物館員を

自称する米国人某を引き連れ，所蔵の書画を見分，12幅を購入しようとしたが，うち3幅は双方の価格にかなりの隔たりがあったため，除くようにと命じた。教習は急に手が震え泣かんばかり，再三交渉したものの，頑なになられても困る，残りの九幅も，どうしても買取を認めてもらわなければ，とのことであった。そこで大慌てで金額を調整すると，すぐに持ち去っていった。この後詳しく調べて見ると，なんと一幅多く持って行かれており，調整した額と元値の価格の差も十分の一にも及ばない。最も怪しむべきは，この人物が来た際，元々陳曽寿に交渉させようとしていたが，教習が頑なに願い出て，面倒を避けるためにも，来てもらう必要はない云々，明らかに他意があった。その後人を差し向けてこの米人を捜させたのであるが，すでに購入した巻物を持って北京に向かったという。教習を捜すと，値は決定済みで，取り消すことはできないと，すぐに却下された。昨日魯郁彤と内侍斉継忠を北京に遣って追跡させているが，米人との交渉は，うまくいくのやら？[4]

　溥儀側の記述では，溥儀は当初12幅の書画を持ち出したが，のちに双方の提示額に開きがあり，3幅を除外したとある。残った9幅は任蘭葓の強い要求でシックマン一行に全部彼らの提示額で買って行かれた。彼らが去った後で，シックマン一行が購入していった9幅の提示額と溥儀側の当初の提示額が相当隔たりがあっただけではなく，一幅多く持って行かれたことに気がついた。そこで彼らと北京で交渉させるために人を差し向けたのである。この後の胡嗣瑗の記述では，シックマンたちが最終的に9幅中5幅，および多く持っていった一件を返却したとある。したがってシックマン一行は最終的に4幅購入した。返却された計6幅については溥儀側は直接天津に持ち帰ることを心配しているため，日本司令部を通して代理で送ってもらう計画をした[5]。溥儀側の記述の中には，シックマン一行は詐欺の手口で溥儀の手からもっと多くの絵を奪い取ることを企んでいたが，結局のところ溥儀側の交渉によって思い通りにならなかった。この取引においては，皇后の英語教師「任蘭葓」が演じた役柄は決して格好の良いものではなかった。シックマンの記述では，彼女は今回の面会と取引の調整役，もしくは仲介者とされている。しかし溥儀側の記述では，彼女は弱々しい態度で溥儀に9幅の書画を「どうしても買取を認めてもらわなければ」と，直接シックマン一行による買収の後押しをしたのである。

　また一方で高居翰の回想によると，1962年もしくは1963年にフリーア美術館

でシックマンと話をした際，シックマンは彼に溥儀から書画を購入した経緯について言及したとある。どうして9幅の書画を全て購入することができかったのかについて言及したとき，シックマンはもう一つ別の解釈を提出している。彼はこの時ウォーナーがその場の仲介人に巨額の手数料——シックマンによれば「賄賂」——を与えることを拒絶したと言っている。シックマンは決してこの仲介人の名前を出そうとはしなかったが，高居翰はこの人物とは他でもなくイザベル・イングラム——高居翰もイザベル・イングラムを任蘭葓と同一人物に扱っている——であるかもしれないと推測している。研究者らも「任蘭葓」と「任薩姆」を同一人物に扱っていることから，彼らがいずれもイザベル・イングラムの中国語名の異なる表記法のみとしていることがはっきりと認められよう。

　しかし，もしイザベル・イングラムが任蘭葓であるとするならば，この中には明らかに多くの矛盾する箇所がある。最も明らかな矛盾はシックマンと溥儀がはっきりとこの任薩姆または任蘭葓が「英人」であることを言及しているが，イザベル・イングラムは他でもなく米国人である。これ以外に，イザベル・イングラムは当時両親と北京に住んでおり，溥儀一行が天津に赴いた後になって，イザベル・イングラムが一人で溥儀を追って天津に行った可能性は非常に低いのではないだろうか。同時に，イザベル・イングラムの父親ジェームス・ヘンリー・イングラム（James Henry Ingram）の中国人名は「盈亨利」であって[6]，彼の娘が自分の中国語名を自身の中国語名の姓を別の一字に改めた可能性も極めて低い。

　筆者は米国に留学した際，幸いなことにイザベル・イングラムの子孫を見つけ，その家でイザベル・イングラムのいくつかの資料を見つけ出し，彼女の中国語名に関する資料もあった。イザベル・イングラムが遺した1枚の「大婚典礼署章」の小さな紙片には，上部に「盈三姑娘（盈家の三番目の娘）」の四字が書かれてあり，これはイザベル・イングラムが溥儀と婉容の婚礼に参列した入場証明書であろう。同時にイザベル・イングラムはさらに「盈愛徳」の三字が書かれた1枚の紙を遺しており，そばに筆順と音声記号の注釈が付されている。言うまでもなく，最も直接の証拠となるのは婉容がイザベル・イングラムに書いた1通の手紙である。それは中国語の内容で，署名は婉容が常に使っていた「エリザベス」である。封筒と中国語の文面においては，婉容はイザベル・イングラムに対してすべて「盈先生」としている。また一方で，イザベル・イングラムの資料の一部には，彼女によって遺されたレジナルド・ジョンストンの彼

女宛の手紙が遺されている。これらの手紙の内容は，イザベル・イングラムが1927年2月末に天津に赴いて溥儀と婉容を訪問していたと断定できよう。『溥儀日記』を調べると，溥儀が1927年2月27日当日会った人物にはジョンストンと「瀛女士」が含まれている[7]。この瀛女士は明らかに「盈女士」のことである。しかし1931年5月2日から4日，シックマン一行が天津に赴き書画を購入した数日の間，溥儀は日記の中で任蘭薐をすべて「任教習」と記しており[8]，こうしたことから，イザベル・イングラムの中国語名は任薩姆あるいは任蘭薐ではなく，溥儀にせよ婉容にせよ，任薩姆あるいは任蘭薐をイザベル・イングラムの呼び名とはしていないことが見て取れるのである。それでは任薩姆とはいったい何者なのか。

　ジョンストンの1927年2月11日のイザベル・イングラムに宛てた手紙には，ジョンストンは当時まだ北京にいたイザベル・イングラムに天津で溥儀と婉容を訪問することを誘いかけている。さらに別の手紙では，「私は皇后の英語のレベルが非常に上達していることを知らされている。しかし私はランサム（Ransom）女士が好きではない」とも記している[9]。これは婉容に当時の天津で実際にはもう一人の英語教師，つまりランサム女士がいたことを説明している。ランサム（Ransom）と前に取り上げた任蘭薐の発音は極めて近く，蘭薐はRansomの音訳と推断してもよかろう。したがって，任蘭薐あるいは任薩姆は婉容の天津期の英語教師ランサム女士のことであり，イザベル・イングラムではない。

　幸いなことに，ランサム女士の情報についてはデイヴィッド・チャドウィックが日本の曹洞宗の禅僧鈴木俊隆の伝記 *Crooked Cucumber: The Life and Zen Teaching of Shunryu Suzuki*（『まがったキュウリ——鈴木俊隆の生涯と禅の教え』）の中で見つけることができる。鈴木俊隆は1904年に日本で生まれ，1959年に日本を離れ，禅の思想をアメリカに持ち込み，カリフォルニア州で西洋初となる禅寺を開いた。鈴木俊隆が日本を離れた理由については，彼とランサム女士の間に起こった出来事と密接な関係がある。鈴木俊隆が駒澤大学で学んでいた時，ランサム女士の家で仕事をしており，その際に彼女を仏教信者に転向させることに成功した。ランサム女士の転向に成功させたことについて，鈴木俊隆は「私の感じは良かった。私は私たちの教義にいささかの自信が生まれ，西洋人が仏教を理解する手助けができると思い始めた。日本人にとっては，伝統的な誤謬のために，仏教の真義を学習することは難しい。ひとたび誤解が形成されると，もはや改め難い。しかし仏教に対して何も知らない人々に説法を施すことは，白紙の上に絵を描くかの如くだ。容易に正しい理解を彼らに伝達することができる。私は私とラ

ンサム女士の経験が最終的に私が米国に来ることを導いたのだと思っている」
と回想している。だからこそ，チャドウィックは大量の時間をかけてランサム
女士の関連情報を調査したのであり，しかも書中には比較的多くの紙幅を割い
てランサム女士及び彼女の中国と日本における経歴を紹介している。

　鈴木俊隆の伝記から知ることができるのは，ランサム女士のフルネームはマ
リア・ノナ・ランサム，1887 年イングランド生まれということである。彼女は
1924 年英国から天津に来て，当時天津の英国租界の外語学校で教えていた。彼
女は同時に何名かの学生の家庭教師をしており，例えば黎元洪の子女及び当時
日本の駐天津総領事であった吉田茂の子女である。溥儀と婉容は 1925 年に天津
に移り住んだ後，吉田茂の紹介を通して，1927 年に至るまでランサム女士は婉
容の英語教師となった。そのためにジョンストンは 1927 年 2 月の手紙の中でラ
ンサム女士に言及することになったのである。引き続き吉田茂の紹介で，ラン
サム女士は 1927 年に日本に向かい，駒澤大学で英語を教えた。鈴木俊隆はこの
時期ランサム女士と知り合ったのである。ランサム女士は 1930 年に天津に戻り，
1940 年になって天津を離れてイングランドに戻った[10]。先に引用した溥儀によ
る書画事件の記述の中で，溥儀はランサム女士のことを「皇后の英語教習を以
前担当していた英人任蘭蓀」と呼んでいたが，「以前担当」という言葉はラン
サム女士が婉容に英語を教えていた時期が 1925 年から 1927 年までであるから，
1930 年に天津に戻って以降はもう婉容の英語教師を務めていなかったようだ。

　ここまでをまとめると，任薩姆の区別に関しては定説が存在していたと言え
よう。学界での長きにわたる任薩姆もしくは任蘭蓀を等しくイザベル・イング
ラムとする見解は明らかに間違っている。任薩姆とは任蘭蓀とすべきで，つま
り英国人のランサム女士のこと，彼女は 1925 年から 1927 年の間婉容の英語教
師を務めていた。彼女は 1931 年のシックマン一行が溥儀から書画を購入した仲
介役でもある。しかしイザベル・イングラムの中国語姓は「盈」であり，フルネー
ムは「盈愛徳」であった可能性がある。彼女は 1922 年から 1924 年の間当時ま
だ紫禁城に住んでいた婉容の英語教師を務めていた。

註

1　愛新覚羅・溥儀『私的前半生（全本）』（北京：北京聯合出版公司，2018 年，p.211）。

2　こうした見解の由来についてはもはや考える手立てがないが，現在に至るまで踏襲さ
　　れている。『紫禁城』2020 年第 1 期の溥儀，婉容と文綉についての論考では依然とし
　　てイザベルを任薩姆としている（董曉塵「畢竟一双小児女——小朝廷時期的溥儀与婉

容」『紫禁城』2020 年第 1 期，p.119）。この筆者は以前に発表した文章でもこうした認
識をしている。程方毅，江全婷『中国北方的草原遺珍 賓大博物館所蔵鄂爾多斯式青銅
器』（『紫禁城』2015 年第 1 期）を参照のこと。

3   馬麟「納爾遜・阿特金掛芸術博物館里的清宮旧蔵古画」（『紫禁城』2015 年第 9 期）。

4   胡嗣瑗『直廬日記』（中華全国図書館文献縮微複製中心，1994 年，pp.133-135）。

5   胡嗣瑗、前掲『直廬日記』（pp.133-135）。

6   ジェームス・ヘンリー・イングラムはかつて『賀氏医学』という書物を翻訳出版して
おり，その中国語名が概要に記載されている。

7   愛新覚羅・溥儀『私的前半生（全本）』（天津人民出版社，2009 年，p.145）。

8   愛新覚羅・溥儀、前掲『私的前半生（全本）』（p.275）。

9   ジョンストンによる 1927 年 2 月 11 日付のイザベル・イングラム宛て書簡。

10 David Chadwick, *Crooked Cucumber: The Life and Zen Teaching of Shunryu Suzuki*, Three Rivers
Press, 2000, pp. 49-62, 73-74, 348-351.

参考文献

（中国語）

愛新覚羅・溥儀『私的前半生（全本）』（北京：北京聯合出版公司，2018 年）。

愛新覚羅・溥儀『私的前半生（全本）』（天津人民出版社，2009 年）。

程方毅，江全婷『中国北方的草原遺珍 賓大博物館所蔵鄂爾多斯式青銅器』（『紫禁城』
2015 年第 1 期）。

董嘯塵「畢竟一双小児女──小朝廷時期的溥儀与婉容」（『紫禁城』2020 年第 1 期）。

胡嗣瑗『直廬日記』（中華全国図書館文献縮微複製中心，1994 年）。

馬麟「納爾遜・阿特金掛芸術博物館里的清宮旧蔵古画」（『紫禁城』2015 年第 9 期）。

（英語）

David Chadwick, *Crooked Cucumber: The Life and Zen Teaching of Shunryu Suzuki*, Three
Rivers Press, 2000.

〈訳：戸井　久〉

溥儀をめぐる中ソ交渉

ボルジギン・フスレ
（Husel Borjigin）

はじめに

　20世紀前半における極東地域の国際社会において，清王朝の最後の皇帝，および日本によりつくりだされた傀儡国家満洲国の皇帝として，愛新覚羅・溥儀（1906 ～ 67年）は非常に重要な人物である。溥儀は2歳で清王朝の第12代皇帝——宣統帝として即位し（1908年12月2日），6歳で退位して遜帝となり（1912年2月12日），11才で丁巳復辟（張勲 [Zhnag Xun, 1854 ～ 1923年]復辟，1917年7月1 ～ 12日）を経験し，18才で北京政変（甲子兵変，1924年10月23日）に遭遇し，紫禁城をはなれざるをえなかった（1924年11月）。溥儀が馮玉祥（Feng Yuxiang，1882 ～ 1948年）の軍隊により紫禁城から追放された際，北京政府（中華民国臨時政府）はもとより，中国の各軍閥も，この重要人物の身柄の扱いをどうするかについては慎重にかんがえなかった。行先をうしなった溥儀は諸外国の勢力の庇護をもとめ，イギリスやオランダなどの北京駐在公館と交渉したが，最終的には拒否され，結局，北京の日本公館での短期滞在をへて，1925年に天津の日本租界内の張園にうつった。この意味で，溥儀が日本と手をくむ動きに拍車をかけたのはまさに北京政府と軍閥であったといえよう。他方，イギリスやオランダなど諸外国の公館が溥儀という清の遜帝の庇護の願いをことわったのは，極東地域をめぐる国際情勢とも関係があったからである。極東地域をめぐる当時の国際的枠組みのなかで，イギリスやオランダなどの国は，溥儀のうけいれにおいて，日本との衝突をさけたかった。

　もちろん，溥儀が天津の日本租界にうつった後，イギリスやアメリカ，フランス，イタリアなどの国はあいかわらず彼の行方に注目しつづけた。中国に駐在するイギリスやアメリカ，フランス，イタリアなどの国の軍事最高長官，公館などは終始溥儀と密接な関係をたもっていた。定期的会見，宴会などの招待

のほかに，毎年，溥儀を，第一次世界大戦戦勝記念日，無名戦士の記念碑の公的慰霊祭，閲兵式などに参加させた[1]。

　1929 年の中東路戦争（中東路事件，奉ソ事件）が，のちの極東地域における中国・ソ連・日本関係にあたえた影響は実に大きかった。それより 1 年前の 1928 年 6 月，中国の国民政府は諸外国に対し条約改定，領事裁判権の撤廃などをもとめる「外交革命」を展開しはじめた。こうした背景のなか，国民政府に帰順を表明した張学良（Zhang Xueliang, 1901 ～ 2001 年）がソ連の保持していた中東鉄道（東清鉄道）を一方的に接収したことをきっかけに，1929 年 7 月，中国とソ連の間で中東路戦争（中東路事件，奉ソ事件）がおこったが，中ソ両国の外交関係の断絶と，中国軍の敗北，原状復帰というソ連側の主張にそったハバロフスク協議書の調印（1929 年 12 月 22 日）によって幕が下りた。中国国民党の蒋介石（Jiang Jieshi, 1887 ～ 1975 年）政権はハバロフスク協議書を承認しなかったが，同協議書は実効的となり，ソ連は完全に中東鉄道における権益をとりもどした。中東路戦争からは，中国側はいかなる教訓もくみとれなかった。これと対照的に，日本は極東地域の枠組みおよび中国内部における各勢力の力関係をしっかりよみとり，関東軍は機に乗じて，1931 年の満洲事変（「九・一八事変」）をとおして，半年にも満たないうちに，中国の東北地域を占領し，1932 年 3 月 1 日に満洲国を樹立し，溥儀を執政に就任させた。国際連盟は同年 3 月から 6 月にかけて満洲国，中国と日本にリットン調査団を派遣し，溥儀は東北行政執行委員会の推薦により「満洲国の執政としての礼遇を受けたり」とみとめながら，「現在の［満洲国］政権は純粋且つ自発的なる独立運動に依りて出現したるものと思考することを得ず」とし，「満洲に於ける現政権の維持及承認も均しく不満足なるべし。斯る解決は現行国際義務の根本的原則若くは極東平和の基礎たるべき両国間の良好なる諒解と両立するものと認められず，右はまた支那の利益に違反し又満洲人民の希望を無視するのみならず結局に於て日本の永遠の利益となるべきや否や付少くとも疑ひあり」という結論にいたった[2]。日本はスイスのジュネーヴで開かれた国際連盟総会に代表団を送り，満洲国建国の正当性を訴えたが，承認されなかった。これによって，日本は 1933 年 3 月に国際連盟を離脱した。日本は国際連盟の支持をえないまま，満洲国の成立をとおして，極東地域における国際的枠組みを再構成しようとしつづけた。ソ連は 1935 年 3 月に北満鉄道の権益を満洲国に売却したが，それは単なる便宜上の措置にすぎなかった。

　要するに，溥儀には，20 世紀前半の極東地域における政治・歴史・社会の様相がうつしだされている。したがって，第二次世界大戦終結の際，清王朝の崩

壊や丁巳復辟，軍閥混戦，北京政変，満洲国の樹立とその倒潰などを経験した溥儀の身柄のあつかいは，関係諸国，諸勢力にとって，非常に重要であった。中国にとって，溥儀は日本に協力した「傀儡国家満洲国の皇帝」，すなわち「大漢（満）奸」であり，法律によって正さなければならなかった。「ヤルタ協定」によって，対日作戦をとったソ連は，いち早く溥儀を拘束し，シベリアに連行した。溥儀をめぐって，中国国民党政権は何度もソ連政府と交渉した。

溥儀をめぐる中ソ交渉について，拙稿「満洲国人のソ連抑留と中国への移送についての考察——溥儀を中心に」で述べたことがあり[3]，孫思源（Sun Siyuan）やヴィクトル・ウソフ（Viktor Usov）などの研究者も著述において触れたことがある[4]。しかし，その交渉の詳細は充分検討されていない。本論文では，これまでの研究を踏まえたうえで，ロシアと台湾の諸文書館所蔵の資料に基づいて，第二次世界大戦後の極東地域における国際情勢を視野に入れ，溥儀をめぐる中ソ交渉について再検討し，明らかにしたい。

1　溥儀をめぐる初期の中ソ交渉

溥儀をめぐる中ソ交渉は，溥儀が証人として極東国際軍事裁判（東京裁判，1946年5月3日〜1948年11月12日）へ出廷する前と，出廷以降との2期にわけることができる。

溥儀とその側近らが1945年8月19日にソ連軍により逮捕され，その日のうちにソ連軍の飛行機で内モンゴルの東部の町——通遼に送られ，翌20日にモンゴルのタムサグボラグ経由でソ連に送られ，チタ州のモロコフカ・サナトリウム（モロコフカ療養所，すなわち第30軍事施設＝収容所）に収容されたことは，近年の研究により次第に明らかになってきた[5]。溥儀らがソ連軍によりシベリアに連行された当日（8月20日），中国国民党側の諜報員はすでに溥儀とその側近がソ連軍により拘束されたことを知り，国民政府主席，軍事委員会委員長蒋介石に報告した[6]。日本の新聞は，8月29日になってやっとハバロフスク放送の同月22日の報道を引用するかたちで，極東ソ連軍総司令官アレクサンドル・ヴァシレフスキー（Aleksandr M.Vasilevsky, 1895〜1977年）が，溥儀は赤軍によりソ連で保護されていると宣言したと伝えている[7]。しかし，ソ連側が溥儀ら満洲国の要人についての情報を極秘にしたため，その後，中国国民党側がえた情報は伝聞的なものがおおく，真偽が見分けにくく，溥儀らの身柄について判断するのは困難だった[8]。

中国とソ連が政府レベルで溥儀についてはなし始めたのは1946年3月に入っ

てからのことである。これについて，当事者の王世傑（Wang Shijie, 1891 ～ 1981 年）は日記に，董彦平（Dong Yanping, 1896 ～ 1976 年）は回想録で記しているが，ごく簡単な記述にとどまっている[9]。台湾の公文書館の文献によると，1946 年 3 月 6 日，重慶の中国外交部長（外務大臣）王世傑が駐中国ソ連大使アポローン・A・ペトロフ（A. A. Petrov, 1907 ～ 49 年）に，ソ連軍占領下の中国の東北，華北地域における行政，産業などの接収と，中国駐在ソ連軍の撤兵問題について照会し，回答をもとめた。その翌 3 月 7 日，駐中国ソ連大使ペトロフが中国外交部にて，王世傑と会談し，まずはなし出したのは，溥儀のことであった。

> 大使（ペトロフ，以下同）：本日，貴部長に一つの声明を宣言する。すなわち，ソ連軍は 1945 年 8 月に日本の傀儡──「満洲国」の皇帝溥儀を拘束した。溥儀の今後の運命について，ソ連政府は中国政府の意見を知りたい。
> 部長（王世傑，以下同）：中国政府は当然このことについて関心をもっており，溥儀は日本と協力しないということを主張していないわけではなく，むしろ日本と協力することを主張したものである。御尋ねしたいが，ソ連政府は溥儀をどのようにみているか。
> 大使：ソ連政府は，溥儀は日本の傀儡だとみなしている。
> 部長：溥儀は今どこにいるか。満洲それともソ連にいるのか。
> 大使：私も知らない。単に彼が今拘束されていることしか知らない。
> 部長：このことについて，大使が必要だと思うなら，私は書面でお答えしたい。
> 大使：口頭であれ，書面であれ，いずれでもかまわない。部長が便利だと思う方法でいいので，任せたい。
> 部長：とにかく私はこのことについて検討してから，すぐに大使に知らせる[10]。

　この会談から双方がともに慎重であったことがうかがえる。また溥儀の身柄の扱いという非常に重要で，デリケートなことを先におおっぴらに中国側にかけあったのはソ連側であることがわかる。この会談は，中ソ両国が，長引いた中国駐在ソ連軍の撤兵問題や，満洲地域における産業の帰属を含む戦利品の問題，大連・旅順港の管理問題などをめぐる談判が難航した状況のなかで，ソ連側がイニシアティブをとって，踏み出した交渉だと思われる。実は，この会談で，溥儀のことについてはなしあったあと，王世傑はペトロフに，ソ連軍の占

領下にある満洲地域における行政，産業などの中国側への接収と，ソ連軍の撤兵の時期，方法についてたずねた。ペトロフは「この件については，昨日貴官から照会をうけとってから私はすでにソ連政府に報告しており，回答をえたら，すぐに連絡する」と答えた[11]。

3月12日，中国外交部は駐中国ソ連大使館に，「溥儀は日本の傀儡であり，中国に対し反逆罪（原文は"叛国罪"）をおかしたため，ソ連政府が同犯罪人を中国政府に引き渡してから，わが国は法に照らして懲罰する」という内容の覚書（原文は「備忘録」）を送った。これに対して，同月23日，ペトロフは王世傑に，ソ連政府は中国政府の要望におうじて，溥儀を中国に引き渡したいが，「引き渡しの日時と場所について，中国政府の提案をうかがいたい」という内容の口上書を送った[12]。

2日後の3月25日，王世傑はペトロフに，「中国政府はソ連当局に瀋陽で溥儀を引き渡すことを望んでおり，時期については随時でよい。もしわが国民党軍が近いうちに長春に進駐した場合には，長春で引き受けることも可能である」と伝達した[13]。同時に，王世傑は錦州にいる国民政府軍事委員会委員長東北行営主任熊式輝（Xiong Shihui, 1893～1974年）に連絡し，溥儀の引き渡しに関するソ連大使ペトロフとのはなしあいの内容を伝えたうえで，「ソ連政府はソ連軍司令官R・Ya・マリノフスキー（R. Ya. Malinovsky, 1898～1967年）元帥と東北行営経済委員会主任委員張嘉璈（Zhang Jiaao/Chang Kia-ngau, 字は公権, 1889～1979年）との会談場所を重慶に変更することに賛成したが，ソ連側は満洲における日本の産業は戦利品としてソ連の所有に帰すべきと主張しているのに対し，わが国は，これらの産業は日本の戦時賠償の一部としてのちに中国政府に引き渡すべきだと認識している」と述べている[14]。

中国政府の満洲地域における行政，産業の接収，ソ連軍の撤兵要求に対して，ソ連側は溥儀の引き渡しを，対中交渉の切り札として利用していることをうかがい知ることができる。

書類でまとめられた上記王世傑の意向は3月26日に駐中国ソ連大使館にとどけられた。その後，ペトロフは同年4月2日に，ソ連政府は溥儀を長春に移送し，中国当局に引き渡すことを許可したが，「中国側はいつ長春で引き受けることができるか，また引き受ける中国側の代表の氏名をあわせて教えてほしい」という内容の口上書を王世傑に送った。王世傑は同月4日，ペトロフに「もしあなた方が溥儀を長春で引き渡せる場合，わが国の軍事長官に引き渡すのがもっとも穏当であろう。もし，あなた方がこれは不都合だと思うなら，貴国駐在の

わが国軍事代表団団長董彦平（Dong Yanping, 1896 ～ 1976 年。当時は東北行営副参謀長をつとめていた）中将がみずから溥儀を受け入れ，その後飛行機で錦州に移送する」と伝達した。同時に王世傑はこの情報を熊式輝と董彦平にも送った。同月 11 日にソ連軍ザイバイカル軍管区参謀長のエフィム・トロツェンコ（Yefim. G. Trotsenko, 1901 ～ 72 年）中将が董彦平と会談し，哈爾賓で溥儀を中国軍事代表団に引き渡すことを決めた。董彦平は当日張嘉璈に電報を送り，「"トロツェンコ中将が哈爾賓で溥儀を引き渡すことを決めた。しかし溥儀は今哈爾賓におらず，ほかの都市にいる" と言った。溥儀が哈爾賓についたら，わが軍事代表団が受け入れ，身柄を確保する。その際，専用機を哈爾賓におくってほしい。われわれは専用機で溥儀を瀋陽に移送する」とつたえた[15]。

同じく 4 月 11 日，国民政府軍政部長（軍事大臣）陳誠（Chen Cheng, 1898 ～ 1965 年）が外交部長王世傑に連絡し，「本年 3 月 26 日のソ連軍から溥儀を引きとる案をえてから，東北行営はソ連軍と折衝し，合意した。［東北行営が］溥儀を受け入れたらすぐに（わが国の）司法行政部（法務省）に送致する。しかし，軍政部は東北行営に対するソ連軍の口頭の回答しかえていないので，東北に駐在するソ連軍に対して正式の交渉をおこなったほうがいいか」とたずねた[16]。溥儀の中国への移送に関する中ソ交渉において，ソ連軍側と東北行営（実際はトロツェンコと董彦平とのはなしあいにすぎない）とのはなしあいは主に口頭でおこなわれていたこと，国民政府側の準備は十分ではなかったこと，また受動的立場に陥っていたことがわかる。

溥儀をめぐる中ソ交渉において，ソ連側は最初から自分たちにとって有利な戦略をとっていた。実は同年 2 月，中国国民党軍と共産党軍はすでに満洲で内戦を展開していた。ソ連軍は撤兵する前に，まずどの地域から撤兵するかの情報を中国共産党に伝え，共産党軍に先にその地域を占領させるようにつとめた。また，中国共産党軍に対し哈爾賓などの地域を制御しなければならないと提言した。4 月 14 日，ソ連軍が長春市から撤兵した直後，中国共産党軍はすみやかに同市にむかって進軍し，19 日に完全に同地域を占領した。同月下旬，共産党軍はソ連軍撤兵後の哈爾賓とチチハルなどの地域を占領した[17]。したがって，うえで述べた，哈爾賓または長春での溥儀の引き渡しはいずれも白紙にもどった。

同年 5 月 3 日の夕方，熊式輝が王世傑に電報を送り，トロツェンコ中将が自ら董彦平に「近いうちにウラジオストクで溥儀を引き渡す」とつたえたという情報を報告した。同月 5 日，ちょうど，国民政府が首都を南京に「還都」（日中戦争の前には，南京は国民政府の首都であった）した当日，外交部はこの電報の解読に

成功した[18]。

　5月30日，ソ連のハバロフスクに滞在中の董彦平がふたたびトロツェンコ中将と会談をおこなった。トロツェンコは董彦平にいつまでハバロフスクに滞在するかをたずねた後，「ウラジオストクからソ連の船で溥儀を上海まで送ることは可能だ。しかし，今，ウラジオストクには船がない。中国の船で［溥儀を上海に］送ることも可能だが，中国側はそのような船を用意できるか。ソ連の民間機で溥儀を瀋陽または長春まで送ることも可能だが，中国側はその安全を保障すべきだ」と述べたのに対し，董彦平は「わが中国軍事代表団は国民政府の指示をうけており，しばらくハバロフスクに滞在する必要がある。この件について，中国外交部はすでに駐中国ソ連大使館に照会したことがある。どのように溥儀を中国に引き渡すかについて，私はわが国政府の指示を仰ぐ必要がある」と答え，さらに「貴国は溥儀と一緒に何名までの者をわが国に引き渡すことができるか」とたずねた。董彦平はその日のうちに南京の国民政府外交部に電報を送り，この情報を報告したほか，「ソ連の飛行機で溥儀を移送する場合，敵（中国共産党軍）の占領している地域を通らなければならず，敵に強制着陸させられる危険性があるため，飛行機の利用については慎重に考慮する必要がある。わが国の船を利用するのが穏当だと思う」と自分の意見を述べた。6月5日になって，中国外交部はやっとこの電報を受け取ったが，解読できたのは同月8日のことだそうである[19]。

　同日（6月8日），中国外交部は，駐ハバロフスク中国総領事館に電報を送り，董彦平に「第一に，主席（蔣介石）の許可を得たので，即時，出立すること。第二に，［わが外交部はペトロフ］大使をとおして，ソ連政府に対し溥儀をウラジオストクで中国軍事代表団々長董彦平中将に引き渡し，警備を強化した上で，船で上海に移送し，中国当局に送致すると交渉した」と述べた。同日，中国外交部は駐中国ソ連大使館に次のように伝達した。すなわち，溥儀をめぐるそれまでの中ソ交渉のプロセスに触れた上で，「中国軍事代表団々長董彦平中将一行は本月16日から18日までの間に，ウラジオストクからソ連の船で上海に戻るため，わが外交部は，ソ連大使館をとおしてソ連政府にお願いしたい。すなわちただちに溥儀をウラジオストクで董彦平中将に引き渡し，警備の強化に協力し，上海まで移送する。もしくはソ連軍が［董彦平中将一行と一緒に］溥儀を上海まで移送し，中国当局に引き渡し，送致する」。中国外交部はまた東北行営主任熊式輝などにも電報を送り，あわただしく溥儀の受け入れを準備した[20]。

　しかし，モスクワはウラジオストクで溥儀を中国軍事代表団に引き渡すこと

を許可しなかった。ソ連大使館は同月21日に中国外交部に、「6月8日に貴外交部の知らせを受け取って、［それをわが国政府に報告した。わが国］政府は瀋陽か北平（北京）で溥儀を中国当局に引き渡すことを決めている。もし中国政府が同意すれば、この二都市のうち一方を選び、わが国は飛行機で溥儀をその都市に移送する。中国当局はその飛行機の中国への飛行を許可し、さらに着陸時の安全を保障しなければならない。日時については改めて連絡する」と伝達した[21]。結局、董彦平らは手ぶらでソ連の船でウラジオストクから帰国した。

　王世傑は6月22日に熊式輝に電報をうち、ソ連大使館の伝達内容を告げたうえで、「外交部はソ連大使館に、溥儀をソ連の飛行機で瀋陽に移送し、熊式輝の代表が瀋陽で引き取り、東北行営がその飛行を許可し、安全を保障すると回答する予定」と述べた。翌23日、外交部次長（外務省副大臣）劉鍇（Liu Kai / Liu Chieh, 1907～91年）が駐中国ソ連大使館参事官ニコライ・フェドレンコ（N. T. Fedorenko, 1912～2000年）を招き、次の3点を述べた。第1に、溥儀の引き渡しに関するソ連大使館の6月21日の伝達を受けてから、外交部はすでに東北行営に、外国の飛行機が瀋陽に飛び、着陸することにかかわる諸手続きについて伝達しており、回答がえられ次第、貴大使館に告げる。第2に、国民政府が派遣した東北各地域の接収担当者劉哲（Liu Zhe, 1880～1954年）ら、および董彦平中将が率いる中国軍事代表団一行が、貴国が提供した船で帰国したので、ソ連政府と貴大使館の協力に感謝する。第3、満洲にいるソ連市民が損害をうけたことについての、貴大使館の4月1日、23日、6月5日、19日の照会をうけてから、わが外交部はすでに各関係部門をとおして調査をおこなってきたが、詳細はまだえられていないため、完全な結果がえられ次第、貴大使館に連絡する[22]。中国にとって、溥儀の引き渡しは何よりも重要であったことがわかる。他方、旅順港を守る軍を除いて、1946年5月3日をもって、対日作戦に参戦したソ連軍の満洲からのひきあげが完了したが、その前後には、国民政府の働きかけにより、国民党軍の占領地区で反ソキャンペーンがおこなわれ、その間、満洲にいるソ連市民や商務機関などが中国人による強奪、暴力をうけた。これに対し、ソ連大使館は中国外交部に何度も厳重抗議の覚書を提出した[23]。くりかえしになるが、溥儀の中国への引き渡しをめぐる初期の中ソ交渉において、ソ連側は長引いた中国駐在ソ連軍の撤兵や満洲地域における産業の帰属を含む戦利品などの問題をうまく利用したといえよう。

　中国外交部、国防部（国民政府の軍政部と軍事委員会は1946年6月1日に解散し、国防部が設置された）が東北行営に指示し、瀋陽での溥儀の受け入れ準備をつづけた。

7月1日，中国外交部が南京のソ連大使館に「飛行機で溥儀を瀋陽に移送し，東北行営主任熊式輝または熊式輝が派遣した代表に引き渡す。また事前に飛行の日時，飛行機の機材，エアバンドなどの情報を教えていただきたい」と伝えた。同月6日，中国外交部はさらにソ連大使館に，ソ連の飛行機で「溥儀を瀋陽の北陵空港に移送するよう」希望した[24]。司法行政部も国民参政会第4期第2回大会で提案された，溥儀を戦争犯罪人として懲罰することに関する項目を確認し，溥儀をソ連側から引き渡されたら首都南京の高等法院（最高裁判所）に送致することを決めた[25]。

このように，1946年7月には，曙光がみえたように，国民政府の外交部，国防部，司法行政部などが互いに情報を交換し，準備を整え，溥儀の引き渡しを待った。

2　1946年8月以降の中ソ交渉

溥儀の引き渡しを待ちつづけた中国側は，その後，なかなかソ連側からの返答をえることができなかった。中国外交部が8月3日に作成し，5日に駐中国ソ連大使館に提出した口上書では，「7月1日にわが外交部が貴大使館に連絡した後，7月6日に再度貴大使館に溥儀をソ連の飛行機で瀋陽の北陵空港に移送するよう伝達したが，その後，貴大使館からの返答はなく，今日までいたっている。そのため，再度催促し，［溥儀の引き渡しについて］ご返答賜るよう希望する」と述べている[26]。

翌8月6日，ソ連大使館は中国外交部に，「極東国際軍事裁判法廷の要求にしたがい，日本を戦争犯罪人として裁く裁判の主要証人として出廷させるため，溥儀を東京に移送する必要がある。そのため，溥儀を中国に引き渡すことをしばらく放置しなければならない」と伝達した[27]。同日，パリの駐フランス中国大使館から一通の電報が南京の中国外交部にとどけられた。それは「極東国際軍事裁判法廷の要求にしたがい，ソ連側は溥儀を日本を裁く裁判の証人として，東京に移送し，出廷させるため，中国に引き渡すことは放置しなければならない」という内容であった[28]。これは，駐中国ソ連大使館の伝達とほぼ同じ内容である。

実際，おそくても1946年3月から，ソ連側は，溥儀に極東国際軍事裁判への出廷を準備させていた[29]。したがって，うえで述べたような，1946年3月から6月にかけて，溥儀の引き渡しに関するソ連側と中国側とのやりとりは，ソ連軍の撤兵や満洲地域における産業の帰属を含む戦利品などの問題をめぐる対中交

渉の切札の1枚としてつかわれただけで，机上の空論にすぎなかった。7月の交渉は主に中国側がソ連大使館に，溥儀の引き渡しの場所として瀋陽の北陵空港を指定しただけであって，それに対してソ連側は終始沈黙をまもっていた。

中国外交部はソ連大使館の8月6日の伝達をうけとってから，司法行政部などの部門に知らせたほか，駐日中国代表団々長朱世明（Zhu Shiming, 1898 ～ 1965 年）にも連絡し，溥儀の情報についてたずねた。朱世明は同月8日に南京の中国外交部代理部長（代理大臣）甘乃光（Gan Naiguang, 1897 ～ 1956 年）に電報を送り，「ソ連政府は溥儀およびその他の4人と一緒に東京に移送し，極東国際軍事裁判へ出廷させることを許可した。しかし，溥儀は今ウラジオストクにおり，日本到着後はソ連大使館の者が見守る」と述べ，どのように対応するかについて指示を仰いだ[30]。

同月9日の夜，溥儀はM・M・クドリャフツェフ（M. M. Kudryavtsev）大佐，B・A・ギツェビッチ（B. A. Gitsevich）少佐，P・K・ヴャゼフ（P. K. Vyazev）大尉，通訳G・G・ペルミャコフ（G. G. Permyakov, 1917 ～ 2005 年）の付き添いのもと，厚木の軍用飛行場に到着した[31]。

同月10日，極東国際軍事裁判中国検事向哲濬（Xiang Zhejun / Hsiang Che-chun, 1892 ～ 1987 年）が中国外交部と司法行政部に電報を送り，アメリカがソ連と交渉した結果，溥儀は極東国際軍事裁判に出廷することになり，すでにソ連の飛行機で東京につき，8月13日か14日に出廷すると告げ，「ソ連の検事のはなしによると，(1) 溥儀は極東国際軍事裁判出廷後，やはりウラジオストクに戻る，(2) ソ連政府はシベリアのソ連軍指導者に溥儀を中国の東北行営に引き渡すよう指示した，(3) ソ連の検事の推測では，将来，ソ連側は溥儀を中ソ国境のどこかで中国に引き渡す」と述べた。また「(中国の関係部門に) 上記のことに関する真相を調査し，モスクワ，ワシントンと交渉し，溥儀が証人としての任を終えたら，ソ連側に溥儀を駐日中国代表団に引き渡させ，中国に移送する」と提案し，さらに極東国際軍事裁判中国検事である自分は，溥儀の引き渡しについてどのように対応するべきかと意見をもとめた[32]。

中国外交部は同月13日に駐日中国代表団々長朱世明に，「溥儀が出廷する期間はソ連側が見守ることになっており，出廷の任を終えてから，ソ連側が［中国の］東北行営主任熊式輝に引き渡す」と返信した。これに対し，同日，朱世明は中国外交部に，ソ連の検事は溥儀が出廷し，証人としての任を終えたら，「溥儀をソ連に移送し，その後中国に引き渡すと主張しているが，やはり東京で駐日中国代表団に引き渡し，本国に移送したほうが穏当だと思う。これについて向哲

濬検事も外交部に意見を陳述した」と述べ，再度指示を仰いだ[33]。

　溥儀の引き渡しをめぐって，中国側の意見が分かれていた。中国外交部の上層部は，溥儀が極東国際軍事裁判への出廷の任を終えたら，ソ連側から中国東北行営に引き渡させると決めたが，駐日中国代表団および極東国際軍事裁判中国検事側は，ソ連側に溥儀を東京で駐日中国代表団に引き渡させるという意見に傾いている。実は，中国外交部の内部でも，ソ連側に溥儀を東京で駐日中国代表団に引き渡させるという意見を支持する者もすくなくなかった。同外交部幇弁（補佐）李捷才（Li Jiecai）が同月15日に，同部司長をとおして，同部々長と次長あてに，ソ連側に溥儀を東京で駐日中国代表団に引き渡させるべきという意見書を作成した。その主な内容は次の通りである。「溥儀は中国人であり，中国で逮捕されたのである。溥儀はまた中国の偽組織［満洲国］の張本人であり，中国の法律による制裁をうけるのは当然のことである。ソ連が長い間溥儀を中国に引き渡さないのは，下心があってのことだ。溥儀はすでにソ連をはなれて，東京に移送されている。もし，ひきつづきソ連側により拘束され，のちにソ連に移送されたら，わが国の威信と駐日中国代表団の体面がうしなわれてしまう。東京には連合国の代表があつまっており，今は，その共同の監視のもとでソ連に溥儀を中国に引き渡させる適切なチャンスである。したがって，外交部は朱世明に指示し，駐日中国代表団にソ連側と正式に交渉させ，即時溥儀を同代表団に引き渡させ，拘束させ，溥儀が証人としての任を終えたら，中国に移送させる。同時に外交部は駐中国ソ連大使館に連絡し，同様なことをもとめる」[34]。しかし，中国外交部は李捷才の提案を採択せず，同月16日に向哲濬に「溥儀が出廷する期間において，その証人としての答弁のみを報告し，しばらくそれ以外の措置をとる必要はない」と指示した[35]。

　9月に入って，中国外交部の意見とことなって，司法行政部はソ連側に東京で溥儀を中国に引き渡させることを支持した。同月4日，司法行政部が外交部に，「ソ連側に溥儀を東京で駐日中国代表団に引き渡させることについて，駐中国ソ連大使館が積極的に交渉するのが望ましい」と電報を送った。これに対し，外交部は9月6日に，「本部はすでに8月30日に口頭で駐中国ソ連大使館に連絡し，もともと予定した溥儀を中国に引き渡す案にしたがい，すみやかに［中国の瀋陽で］溥儀を中国側に引き渡すことを告げた」と返電した[36]。

　溥儀は同年8月16日から27日にかけて，8回にわたり証人として極東国際軍事裁判の法廷に立ったのち，同年9月6日にウラジオストク行きのソ連の専用機に乗った。向哲濬は9月9日に南京の中国外交部々長，次長，および司法行

政部々長，次長に「溥儀は6日午後，ソ連の専用機でソ連へ飛んだ」という電報をうった[37]。向哲濬は，中国はソ連に溥儀を引き渡させる最大のチャンスをうしなったと感じたかもしれない。

　国民政府行政院秘書処が9月18日に中国外交部に公簡を送り，国民参政会第4期第2回大会で提案された，溥儀を戦争犯罪人として懲罰することに関する案にそって，溥儀を送検する必要があるので，外交ルートをとおして積極的にソ連側と交渉し，溥儀を引き渡させるよう催促した。これに対し，外交部が同月25日に行政院秘書処に送った返答では，それまでのソ連大使館，ザイバイカル軍管区トロツェンコ中将との交渉のプロセスをふりかえったうえで，「外交部は8月30日，9月18日の二度も駐中国ソ連大使館に対し，もともと予定した案にしたがい，［瀋陽で］溥儀を中国側に引き渡すことを催促した。同大使館は，"まだソ連政府の指示をえておらず，指示がえられ次第，即時連絡する"と返答した」と述べている[38]。

　司法行政部は同年10月1日に再度外交部に連絡し，行政院秘書処の9月18日の公簡と向哲濬の8月10日の電報などにふれたうえで，再度，外交のルートをとおして，ソ連に溥儀を中国に引き渡させるよう促した。これに対して，外交部は，司法行政部に，国民政府行政院秘書処への返答と同様に，「本外交部は9月18日にすでに駐中国ソ連大使館に対し，もともと予定した案にしたがい，溥儀を中国側に引き渡すことを催促したが，同大使館は，"まだソ連政府の指示をえておらず，指示がえられ次第，即時連絡する"と回答した」と返答した[39]。

　8月6日から10月末まで，溥儀の引き渡しに関して，中国外交部は駐中国ソ連大使館に正式に連絡しておらず，口頭で2回だけ連絡したにとどまっており，交渉はほぼ停滞していたといってよい。

　8月6日の駐中国ソ連大使館の中国外交部に対する伝達から3ヶ月たった1946年11月7日になって，中国外交部はやっとソ連大使館に覚書を送り，同大使館の8月6日の伝達にふれたうえで，「溥儀はすでに極東国際軍事裁判への出廷をおえたので，ソ連側は本外交部が7月1日と6日に貴大使館に告げた方式に沿って，溥儀をわが国に引き渡すよう」と促した[40]。

　これに対して，駐中国ソ連大使館は11月18日に中国外交部に対し「溥儀を中国に引き渡すのが遅れたのは，証人として極東国際軍事裁判に出廷したことによるものである。同裁判はひきつづきおこなわれているため，溥儀は再度出廷する可能性がある」と通告した[41]。

　駐中国ソ連大使館のこの通告を，中国外交部は受け入れたようで，その後し

ばらくの間，ソ連側と交渉しなかった。翌1947年9月9日になって，中国外交部は再度駐中国ソ連大使館に連絡し，同大使館の1946年11月18日の返答の内容をふまえたうえで，「溥儀は極東国際軍事裁判への出廷をおえて，昨年9月6日にソ連に移送されてからすでに一年もたっている。それ以来，極東国際軍事裁判法廷は溥儀を証人として召喚していない。したがって，昨年6，7月に貴大使館とのはなしあいで決めた方式で溥儀を中国当局に引き渡すようお願いする。もし極東国際軍事裁判法廷が再度溥儀を証人として召喚する場合，中国当局が溥儀を東京に移送する。溥儀は反逆罪を犯しており，早急に裁かなければならない」と述べている[42]。しかし，これに対して，駐中国ソ連大使館は返答しなかった。

　翌1948年3月5日，中国外交部は駐中国ソ連大使館に対するステートメントを作成し，それまでの交渉のプロセスをまとめたうえで，1947年9月9日の伝達の内容をくりかえし述べ，ソ連政府に「もともとの約束にしたがい，溥儀を中国政府に引き渡すよう」もとめた[43]。そして，3月8日，中国外交部次長劉鍇が駐中国ソ連臨時代理大使フェドレンコ（ペトロフ大使が1947年6月に離任し，フェドレンコは臨時代理大使に就任）をよびよせ，次のような会談をおこなった。

　　次長（劉鍇，以下同）：「繕就関於引渡溥儀事之談話稿」（うえでとりあげた3月5日に作成されたステートメント）をよみあげた。
　　フェドレンコ：この件について，本大使館は以前すでに回答したと思う。次長閣下はそれを閲覧したはずだろう。
　　次長：貴大使館は一昨年11月18日の通告では，溥儀が証人として極東国際軍事裁判に出廷したことによって，中国への引き渡しが遅れたこと，同裁判はひきつづきおこなわれており，溥儀は再度出廷する可能性があること，を述べている。本外交部は1947年9月9日に，貴大使館に連絡し，［ソ連政府は］以前合意して決定した方法で溥儀を中国政府に引き渡すべきこと，もしも極東国際軍事裁判法廷が再度溥儀を証人として召喚するならば，中国政府が溥儀を東京に移送することを，もうしあげた。
　　フェドレンコ：ソ連政府は，極東国際軍事裁判はまだ完了しておらず，［1946年8月6日にソ連大使館をとおして貴外交部に通告したソ連政府の］決定を変更する必要はないとかんがえている。
　　次長：溥儀は祖国に反逆した罪をおかしており，わが国の司法部門はただ

ちに裁かなければならない。それゆえにソ連側には溥儀を中国に引き
　　渡すことをお願いしたい。仮に極東国際軍事裁判法廷により召喚され
　　る場合，中国政府が溥儀を東京に移送する。これはソ連が溥儀を東京
　　に移送するとことなることはない。また，溥儀を中国政府に引き渡す
　　ことについて，ソ連と中国は協議したことがあるからだ。
　フェドレンコ：そのような協議があるとしても，極東国際軍事裁判は国際
　　的性格をもっており，裁判が終わらないまま，以前の決定〔1946年8月
　　6日のソ連大使館の伝達〕を変更するのは適切ではない。しかも，中国の
　　司法部門の溥儀に対する裁判はあくまでも中国国内のことであるとい
　　う性格をもっている。
　次長：極東国際軍事裁判がいつ溥儀を出廷させるかについては，まだまだ
　　さきのはなしであり，また本当に溥儀に出廷させる必要があるかにつ
　　いても予想しがたい。したがって，中国政府は，中ソ間にはもともと
　　溥儀の引き渡しに関する協議があるので，〔それにしたがい〕，溥儀を中国
　　政府に引き渡すようもとめる。貴臨時代理大使がソ連政府に告げるよ
　　うお願いする。
　フェドレンコ：ただちに，わが国政府に伝達する[44]。

　中国側が1946年6月までの中ソ交渉でソ連側が約束した内容と中国外交部が
同年7月1日と6日にその引き渡しの場所を瀋陽の北陵空港を指定したという
「協議」の内容にもとづいて，溥儀の引き渡しを求めているのに対し，ソ連側は
1946年8月6日および同年11月18日の，溥儀が極東国際軍事裁判法廷の要求
にしたがって出廷するため，中国に引き渡すことをしばらく放置しなければな
らないというソ連大使館の伝達を根拠に，溥儀を中国に引き渡すことを延期，
ある意味では拒否しつづけている。
　1948年4月20日，極東国際軍事裁判法廷中国検察官（検事）弁事処が中国外
交部に，同裁判における検事側と弁護・被告側の弁論は，4月16日をもって終
了したと報告した。この報告をうけて，中国外交部は同年5月5日に駐中国ソ
連大使館への口上書を作成した[45]。しかし，判決が宣告されていないためか，中
国外交部はぐずぐずとこの口上書をソ連大使館に送らなかった。
　同年11月12日，日本の被告人に対する判決を言いわたし，極東国際軍事裁
判が終了した。そして，同月23日，中国外交部は駐中国ソ連大使館に正式に連
絡した。その内容は，同外交部が同年5月5日に作成した口上書とほぼ同じで

66

ある。すなわち，それまでの溥儀の引き渡しに関する中ソ交渉のプロセスにふれたうえで，次のように述べている。「現在，極東国際軍事裁判法廷はすでに日本の主要戦争犯罪人に判決を言いわたしたので，これまでのソ連政府が溥儀を中国政府に引き渡せない理由はなくなった。本部長（外務大臣）はソ連政府に，以前の約束にしたがい，迅速に溥儀を中国政府に引き渡すようもとめる。なお，溥儀と一緒に拘束されている満洲国（原文は“偽満洲国”，以下同）の上級官僚は若干名いる。トロツェンコ中将は1946年5月28日に中国駐ソ軍事代表団董彦平中将に，これら満洲国の上級官僚は溥儀と一緒に中国政府に引き渡すとかたっていた。現在，中国の司法当局は，中国への反逆罪を犯した溥儀およびその他の満洲国の上級官僚に対して裁判をおこなうので，貴大使（ニコライ・ロシチン[Nikolai. V. Roshchin, 1901～60年。1948年5月着任]）をとおして，ソ連政府に，溥儀およびその他の満洲国の上級官僚を中国政府に引き渡すようもとめる」[46]。1948年11月と言えば，国共内戦において，中国国民党軍の勢力が後退し，中国共産党軍が勢力を盛り返してゆくところであった。

中国外交部のこのもとめに対して，ソ連政府は駐中国ソ連大使館に「引き渡しを拒否し，返答しないことにする」と指示した[47]。

このように，中国国民党にとって，溥儀の中国への引き渡しをめぐるソ連との交渉は成果がないままおわった。

おわりに

1945年8月，ソ連・モンゴル連合軍の対日参戦，日本の無条件降伏の表明にともない，溥儀の身柄の扱いは，中国，ソ連，日本，アメリカ，イギリスなどの国の注目する問題の一つとなった。「ヤルタ協定」でソ連軍の極東地域での対日作戦が決められており，ソ連は当時のモンゴル人民共和国（現モンゴル国）をさそい，ソ連・モンゴル連合軍は対日作戦を展開し，短期間に，中国の東北，華北地域を占領し，ソ連軍はまた南樺太と朝鮮半島の北部をも占拠した。ソ連軍は8月19日に奉天（瀋陽）を奪取したと同時に，溥儀とその側近を拘束し，翌20日にソ連に連行した。

中国国民党政権，すなわち国民政府はソ連・モンゴル連合軍の対日参戦を歓迎したが，当時の極東地域の枠組みの制限により，すぐにその勢力を中国の東北地域に進出させ，「勝利の果実」のうばいあいに加わりたくとも，なすすべはなかった。

くりかえしになるが，ソ連軍の対日参戦および中国の東北地域の占領は「ヤ

ルタ協定」にしたがった結果であり，アメリカは溥儀のことに興味をもつものの，力のおよばないことになっており，ソ連軍による溥儀のシベリアへの連行に対して，なすすべもなくまかせるしかなかった。溥儀の極東国際軍事裁判でのパフォーマンスは，ソ連だけではなく，アメリカも称賛していた[48]。同裁判で，アメリカは予定の目的を果たしたといってよい。敗戦国となった日本は溥儀と同病相憐れむの仲であり，自国の運命すら把握しがたいのに，まして溥儀を助けることにできるはずもない。したがって，武部六蔵（1893～1958年）が1945年8月18日に溥儀に対し，日本政府は皇帝（溥儀）に京都に安住の地を用意し，日本への亡命の手配は準備ずみであるが，「天皇陛下も皇帝の安危は保証することができないのであり，この点は連合国軍に聞かなければならない」と言ったのも，彼らの本音にほかならない[49]。イギリスにいたっては，溥儀を助けたくてもどうすることもできなかった。「ヤルタ協定」，もしくは1924年に紫禁城から追放され，庇護をもとめた溥儀の頼みをことわった時から，すでに溥儀のイギリス行きの夢はうしなわれた。

　中国国民党政権は1946年3月から，溥儀の引き渡しをめぐってソ連と交渉しはじめたが，ソ連政府は，溥儀を，ソ連軍の中国からの撤兵や満洲地域における産業の帰属を含む戦利品などの問題をめぐる対中交渉の切札としてつかった。ソ連はかつて，満洲国を日本の対ソ侵攻の踏み板であると認識していた。満洲国の象徴である溥儀をコントロールできたら，将来，関係諸国と極東地域の問題をめぐるやりとりにおいて，一枚の最もつよいカードを握ったことになる。したがって，ソ連は終始，溥儀をアメリカと同じ陣営にたつ中国国民党政権に引き渡すことをかんがえていなかった。駐中国ソ連大使館およびソ連軍トロツェンコ中将の，中国外交部あるいは駐ソ連中国軍事代表団に対する約束は，外交的辞令にすぎなかった。

　ソ連にとって，1949年10月中華人民共和国の成立により，極東地域のあたらしい秩序は形成された。1950年2月の「中ソ友好同盟相互援助条約」および「中国長春鉄路，旅順口および大連に関する中ソ間協定」の締結は，旧中東鉄道，および大連，旅順港におけるソ連のいくつかの権益をたもつことができたので，1950年8月3日，ソ連側は綏芬河で溥儀と満洲国の政府・軍関係の要人58名（溥儀，皇族とその側近計9名，各部の大臣14名，将軍23名，旧満洲国に駐在していた汪兆銘［汪精衛］政権の関係者など12名），およびその財産を中国政府に引き渡した[50]。この結末は当然の成り行きであったといえよう。

註
1　愛新覚羅・溥儀『我的前半生』（灰皮本）（群衆出版社，2011 年，pp.183-184）。

2　外務省［訳］『リットン報告書全文』（東京：朝日新聞社，1932 年，p.171，174，pp.234-235）。

3　ボルジギン・フスレ「満洲国人のソ連抑留と中国への移送についての考察――溥儀を中心に」（ボルジギン・フスレ［編］『日モ関係の歴史，現状と展望――21 世紀東アジア新秩序の構築にむけて』東京：風響社，2016 年，pp.29-54）。

4　Виктор Усов, *Последний император Китая Пу И (1906-1967)*, Москва: ОЛМА-ПРЕСС, 2003, c.294.（ヴィクトル・ウソフ『中国のラストエンペラー溥儀［1906 ～ 1967］』，モスクワ：OLMA-PRESS，2003 年，p.138）. 孫思源「溥儀的被俘和引渡回国始末」（『民国档案』Vol. 71, 2003 年，pp.138-143）。

5　Н. Сидоров, *Последний император и Китая: Спецслужбы и человеческие судьбы*, Москва, 2000.（N・シドロフ『ラストエンペラーと中国――諜報機関と人の運命』，モスクワ，2000 年）．С. В. Карасев, "Император Пу-И в Советском плену", *Вопросы Истории*, No.6, Москва, 2007.（S・V・カラショーフ「ソ連の捕虜溥儀皇帝」『歴史の諸問題』，モスクワ，2007 年第 6 号）. ボルジギン・フスレ「溥儀文書の基礎的研究――シベリア抑留時代の文献を中心に」（昭和女子大学近代文化研究所『学苑』第 925 号，2017 年，pp.334-362）．同「溥儀のシベリア抑留に関する再検討」（昭和女子大学近代文化研究所『学苑』第 955 号，2020 年，pp.11-25）。

6　「事略稿本――民国 34 年 8 月」（［1945 年 8 月 20 日］蒋中正総統文物档案，台北：国史館，002-060100-00203-020）。

7　「満洲国皇帝陛下ソ連軍が抑留保護」（『朝日新聞』1945 年 8 月 29 日東京・日刊）。

8　ボルジギン・フスレ，前掲「満洲国人のソ連抑留と中国への移送についての考察――溥儀を中心に」（p.39）。

9　王世傑『王世傑日記（手稿本）』（［第 5 冊］台北：中央研究院近代史研究所, 1990 年，p.282）．董彦平『蘇俄拠東北』（沈雲龍［主編］『近代中国史料叢刊続編』［第 87 輯］台北：文海出版社，1982 年，p.184）。

10　「満洲国皇帝溥儀解交案」（［1946 年 3 月 7 日～ 1948 年 11 月 23 日］外交部档案，台北：中央研究院近代史研究所，11-30-99-05-002）。

11　「満洲国皇帝溥儀解交案」（同上）。

12　「満洲国皇帝溥儀解交案」（同上）。

13　「満洲国皇帝溥儀解交案」（同上）。

14　「満洲国皇帝溥儀解交案」（同上）。

15　「満洲国皇帝溥儀解交案」（同上）。

16　「満洲国皇帝溥儀解交案」（同上）。

17　楊奎松『中共与莫斯科的関係（1920 ～ 1960）』（台北：東大図書公司，1997 年，pp.562-563，567）。

18　前掲「満洲国皇帝溥儀解交案」。

19　「満洲国皇帝溥儀解交案」（同上）。

20 「満洲国皇帝溥儀解交案」（同上）。

21 「満洲国皇帝溥儀解交案」（同上）。

22 「満洲国皇帝溥儀解交案」（同上）。

23 中国の東北地域での戦利品，満洲の産業などをめぐる中ソ交渉について，香島明雄『中ソ外交史研究——1937 〜 1946』（京都：世界思想社，1993 年［初版は 1990 年］，pp.210-294）を参照。

24 前掲「満洲国皇帝溥儀解交案」。

25 「満洲国皇帝溥儀解交案」（同上）。

26 「満洲国皇帝溥儀解交案」（同上）。

27 「満洲国皇帝溥儀解交案」（同上）。

28 「満洲国皇帝溥儀解交案」（同上）。

29 ボルジギン・フスレ，前掲「溥儀のシベリア抑留に関する再検討」（pp.14-15）。

30 前掲「満洲国皇帝溥儀解交案」。中国外交部が朱世明のこの電報を受け取ったのは 8 月 10 日であり，解読できたのは 8 月 12 日である。

31 「溥儀氏到着（写真）」（『朝日新聞』1946 年 8 月 11 日東京・日刊）。"Сталин, Берии, Жданову: О показаниях Токийском процессе при допросе Международным трибуналом бывшего императора Маньчжоу-Го Пу-И", 27 августа 1946. （「スターリン，ベリヤ，ジダーノフ［への報告］，東京裁判期間の元満洲国皇帝溥儀に対する尋問について」，1946 年 8 月 27 日，国立ロシア連邦文書館，Ф.9401, опись.2, дело.139, л.46-73, 80-84）

32 前掲「満洲国皇帝溥儀解交案」。中国外交部がこの電報を受け取ったのは 8 月 11 日であり，解読できたのは 8 月 12 日である。

33 「満洲国皇帝溥儀解交案」（同上）。

34 「満洲国皇帝溥儀解交案」（同上）。

35 「満洲国皇帝溥儀解交案」（同上）。

36 「満洲国皇帝溥儀解交案」（同上）。

37 「満洲国皇帝溥儀解交案」（同上）。

38 「満洲国皇帝溥儀解交案」（同上）。外交部のこの書類は 1946 年 9 月 19 日に作成されたが，行政院秘書処に発送したのは同月 25 日である。

39 「満洲国皇帝溥儀解交案」（同上）。外交部のこの書類は 1946 年 10 月 3 日に作成されたが，司法行政部に発送したのは同月 7 日である。

40 「満洲国皇帝溥儀解交案」（同上）。外交部のこの書類は 1946 年 11 月 5 日作成されたが，ソ連大使館に発送したのは同月 7 日である。

41 「満洲国皇帝溥儀解交案」（同上）。

42 「満洲国皇帝溥儀解交案」（同上）。

43 「満洲国皇帝溥儀解交案」（同上）。

44 「満洲国皇帝溥儀解交案」（同上）。

45 「満洲国皇帝溥儀解交案」（同上）。

46 「満洲国皇帝溥儀解交案」（同上）。

47 Виктор Усов, Указ. соч., с.294. （ヴィクトル・ウソフ，前掲『中国のラストエンペラー溥

儀［1906 ～ 1967］』，p.294）．

48 ボルジギン・フスレ，前掲「溥儀のシベリア抑留に関する再検討」（pp.16-17）。

49 満洲国史編纂刊行会『満洲国史』（［総論］東京：満蒙同胞後援会，1970 年，pp.771-772）。

50 3018сс/к. 6. УП. "т. т. Сталину: По вопросу передачи Пу-И и его свиты Китаю.（3018［極秘］／k. 7 月 6 日，スターリンへの報告——溥儀および彼の側近を中国に移送する問題について"，1950 年 10 月，国立ロシア連邦文書館，Ф. 940I, опись.2, дело.269, сс. 356-361）。溥儀はその自伝で，綏芬河で中国側が溥儀らをひきうけたのは 8 月 1 日としている（愛新覚羅・溥儀［著］，小野忍，野原四郎［他訳］『我が半生』［上・下］東京：筑摩書房，1989［初版は 1977］年，pp.88-89）。ロシア語の資料の信憑性が高いと判断した。

参考文献

（中国語）

愛新覚羅・溥儀『我的前半生』（［灰皮本］北京：群衆出版社，2011 年）。

董彦平『蘇俄拠東北』（沈雲龍［主編］『近代中国史料叢刊続編』［第 87 輯］台北：文海出版社，1982 年）。

「満洲国皇帝溥儀解交案」（［1946 年 3 月 7 日～ 1948 年 11 月 23 日］外交部档案，台北：中央研究院近代史研究所，11-30-99-05-002）。

孫思源「溥儀的被俘和引渡回国始末」（『民国档案』Vol. 71，2003 年）。

「事略稿本——民国 34 年 8 月」（［1945 年 8 月 20 日］台北：国史館，蔣中正総統文物档案，002-060100-00203-020）。

王世傑『王世傑日記（手稿本）』（［第 5 冊］台北：中央研究院近代史研究所，1990 年）。

楊奎松『中共与莫斯科的関係（1920 ～ 1960）』（台北：東大図書公司，1997 年）。

（ロシア語）

Виктор Усов, *Последний император Китая Пу И* (1906-1967), Москва: ОЛМА-ПРЕСС, 2003.（ヴィクトル・ウソフ『中国のラストエンペラー溥儀［1906 ～ 1967］』，モスクワ：OLMA-PRESS，2003 年）

Н. Сидоров, *Последний император и Китая: Спецслужбы и человеческие судьбы*, Москва, 2000.（N・シドロフ『ラストエンペラーと中国——諜報機関と人の運命』，モスクワ，2000 年）

"Сталин, Берии, Жданову: О показаниях Токийском процессе при допросе Международным трибуналом бывшего императора Маньчжоу-Го Пу-И", 27 августа 1946.（「スターリン，ベリヤ，ジダーノフ［への報告］，東京裁判期間の元満洲国皇帝溥儀に対する尋問について」，1946 年 8 月 27 日，国立ロシア連邦文書館，Ф.9401, опись.2, дело.139, л.46-73, 80-84）

3018сс/к. 6. УП. "т. т. Сталину: По вопросу передачи Пу-И и его свиты Китаю.（3018［極秘］／k. 7 月 6 日，スターリンへの報告——溥儀および彼の側近を中国に移送する問題について"，1950 年 10 月，国立ロシア連邦文書館，Ф. 940I, опись.2, дело.269, сс. 356-361）

С. В. Карасев, "Император Пу-И в Советском плену", *Вопросы Истории*, No.6, Москва, 2007.（S・V・カラショーフ「ソ連の捕虜溥儀皇帝」『歴史の諸問題』，モスクワ，

2007 年第 6 号）

（日本語）

愛新覚羅・溥儀［著］，小野忍，野原四郎［他訳］『我が半生』（［上・下］東京：筑摩書房，
　　1989［初版は 1977］年）。

外務省［訳］『リットン報告書全文』（東京：朝日新聞社，1932 年）。

香島明雄『中ソ外交史研究──1937 ～ 1946』（京都：世界思想社，1993 年［初版は
　　1990 年］）。

「溥儀氏到着（写真）」（『朝日新聞』1946 年 8 月 11 日東京・日刊）。

ボルジギン・フスレ「溥儀のシベリア抑留に関する再検討」（昭和女子大学近代文化研
　　究所『学苑』第 955 号，2020 年）。

ボルジギン・フスレ「溥儀文書の基礎的研究──シベリア抑留時代の文献を中心に」（昭
　　和女子大学近代文化研究所『学苑』第 925 号，2017 年）。

ボルジギン・フスレ「満洲国人のソ連抑留と中国への移送についての考察──溥儀を
　　中心に」（ボルジギン・フスレ編『日モ関係の歴史，現状と展望──21 世紀東ア
　　ジア新秩序の構築にむけて』東京：風響社，2016 年）。

「満洲国皇帝陛下ソ連軍が抑留保護」（『朝日新聞』1945 年 8 月 29 日東京・日刊）。

満洲国史編纂刊行会『満洲国史』（［総論］東京：満蒙同胞後援会，1970 年）。

［付記］
　本論文は JSPS 科研費助成 基盤研究（C）「『溥儀文書』の構築と研究」（課題番号
17K02036）の成果の一部である。

溥儀皇帝の最後の秘密

エレーナ・カタソノワ

（Katasonova Elena）

　今回のシンポジウムは，満州国の元皇帝とその時代というテーマであるが，これについては実に多くの重要で興味深い歴史的側面がある。本論文は溥儀の人柄，ソ連での抑留，東京裁判におけるソ連側証人参加の重要性，そしてソ連政府に寄贈された溥儀の貴重品（完全には公になっていない或る貴重品）の運命について考察する。

　愛新覚羅溥儀はどのようにしてソ連の捕虜になったのか。ソ連が対日宣戦布告をした翌日，日本の司令部は，愛新覚羅溥儀と彼の側近，満州国政府役人を日本へ送還することを決定した。服部卓四郎は，1945年8月10日の夜，愛新覚羅溥儀が官僚らを伴って長春から経ち，通化の束80kmにある臨江へ送られたことを確認している[1]。愛新覚羅溥儀の証言では，彼らが通化に到着したのは8月13日であったという[2]。実は彼らの移動については諸説あり，関東軍総司令官山田乙三の命により満州国政府官僚らが通化へ送られた日は8月14日で，愛新覚羅溥儀と家族らはこの間ずっと臨江に留まっていたとの説もある。しかし，重要なのは愛新覚羅溥儀らの長春からの移動経路や到着までの日にちではなく，愛新覚羅溥儀の退任署名の日が8月17日だったことにある。彼の退位宣言は8月19日に実施されたわけだが，偶然にもこの日は，ソ・日軍の代表が沿海地方ジャリコーヴォ村で停戦交渉を始めた日であった。

　愛新覚羅溥儀は，日本側の支援者によって事実上命令されるかたちで奉天へ経ち，そこから日本側の護衛と関東軍の代表者を伴い，3機で日本へ向かうよう提案された。愛新覚羅溥儀は，さまざまな口実を使い自身の出発を延期した。出発の延期の理由は，愛新覚羅溥儀がソ連軍の捕虜となった後の発言に表れている。彼は「赤軍が間もなく到着し，我々に自由と独立した発展を与えるであろう。私は赤軍へ中国国民にたいする日本の抑圧に関する真実を述べる。そう

73

すれば，私や私の従者の命は保障されるだろう。」と期待していた[3]。

　溥儀と彼の複数の側近らがムクデンの空港に現れ日本への出発準備をした30分後，機体に赤い星を付けた重輸送機が次々と滑走路に着陸してきた。そして間もなく，満州清王朝最後の皇帝は，ザバイカル方面軍政治部長陸軍少将A・D・プリトゥラ率いるソビエト将官らに取り囲まれる。ちょうどその時，飛行場の反対側ではこの失敗した作戦に参加した日本の軍人らが赤軍によって武装解除され，降伏していた。

　短い交渉の後，中国皇帝と彼に同行した側近らは，一晩宿を取るため、2台の車で飛行場付近にある病院の一施設に送られた。そこで，「私たちは十分に食事を提供され，ワインを飲んだ。翌日，私たちは飛行機に乗り，私の8人の側近とともに飛びたった。どこへ飛んでいるか我々は知らず，そこがどこか分かったのは，チタに到着したあとだった[4]。満州国国務総理大臣張景恵は，この皇帝の失踪に即座に反応し，ザバイカル方面軍司令官マリノフスキー元帥に緊急電報を送った。「8月19日，ムクデン飛行場で，満州国皇帝陛下は，彼の護衛であるザスラ氏とともに，赤軍の少将（A・D・プリチュラ少将を意味する）によって拘束され，飛行機にてどこかへ送られた。以上のことから，拘束は誤解によるものであると確信しており，直ちに釈放されるであろう[5]。」

　もちろん満州国国務総理は，極東ソ連軍総司令官ヴァシレフスキー元帥が，コード化された報告書をスターリンに送ったことを知らなかった。この報告書で溥儀皇帝の運命が決められていた。「1945年8月19日にクラフチェンコ軍の本部へムクデンから満州国皇帝溥儀とその側近らが送られた。あなたの指示に従い，私は彼を拘束し，チタ地域に収容することを考えている[6]。」つまりここチタで彼は日本軍国主義者の共謀者として起訴され，これに基づき彼は自由をはく奪された。

　元皇帝や他の抑留者（彼の最も近い親戚，使用人，宮廷医，日本軍将官ら）の滞在用に，チタ市内のモロコフカにある第30特別施設があてがわれた。そこは，きちんとした居住区内にある普通の外観の住宅であり，指定の特別部隊によって周囲は警備され，建物の内部は軍事捕虜業務管理局の特別職員に監視されていた。ここで溥儀と彼の側近らは1945年11月まで収容された。その後すぐにハバロフスクへ送られた。ハバロフスクへの移送の原因は明らかに，東京で日本の戦争犯罪人の裁判が近づいていたためであり，溥儀はその裁判の主要参考人の一人に任命された。

　ハバロフスクでは，溥儀と彼に同行した側近ら全員が，街から車で40分のク

ラスナヤ・レチカの近くに収容された。全員が同じ施設に収容されたわけではなく，宮廷医と皇帝の一部側近は，ハバロフスク地方の別の収容所へ送られた。公文書によると，溥儀の収容された2階建てのレンガ造りの兵舎は，ハバロフスク地方の内務人民委員部第45特別施設と呼ばれていた。そこの生活環境はチタと異なり，施設職員がほとんどいなかった。このような慣れない環境の中，溥儀は初めてロシアの冬を越した。彼の近くには142人の陸軍将官と2人の海軍将官の日本人捕虜が1階部分に収容されていた建物があり，以後5年間をその場所で過ごした。溥儀は，特に日本人たちとコミュニケーションはとらなかった。それは溥儀が日本語を知らなかったという理由だけではなく，日本人の溥儀に対する過去の蔑視の態度もそうさせた（日本人将官は，溥儀のソ連当局との協力関係を構築したいという要請に賛同しなかった）。実際溥儀は，当時からソ連外務省及び国家安全保障局の代表者と喜んで接触していた。そして終戦後はその彼らとともに，溥儀は東京の証人陳述のための準備をより積極的に行っていたのである。

　溥儀は信じられないほどの粘り強さで自由時間を使ってロシア語を学修し，全連邦共産党ボリシェビキの歴史を丹念に研究し，ロシア皇帝の生活に関心を持つなどした。しかし，より多くの時間を彼は自分の今後を苦慮することに費やした。ソ連の捕虜から解放されて故郷に戻った場合，裁判，刑務所，そしておそらく処刑が彼を待ち受けていた。このことから，1945年12月末には，溥儀はスターリンへ書簡を送り，ソ連領内での居住許可を請うていた。その書簡では「（ソ連での居住は）私の科学的知識を補充する絶好の機会になるでしょう。私はソビエトの社会主義や他の種類の科学を心から研究したいと思っています」と記されていた[7]。

　スターリンが彼をソ連に留まらせるならば，祖国で彼が待ち受ける避けがたいすべての災いから救われると考えた。そんな溥儀の純朴な信念は，彼の心を強くした。彼はソ連共産党への入党を決めた。「もちろん，彼は拒否された。しかし，皇帝はこれを理解していないようであった。」と，当時の溥儀の通訳であるゲオルギー・ペルミャコフは後に回想している[8]。続けて彼の回想では，「教えてください」と溥儀が内務人民委員部全権代表に尋ねたという。「共産党には少なくとも1人の皇帝がいますか？」「いいえ」と全権代表は答えた。「それは残念です」と溥儀は続け，「私が最初の皇帝になるでしょう。」と言った[9]。

　もちろん，ソ連当局は溥儀の願いを無視した。彼はソ連で共産主義者にならなかったが，ソ連当局によって設定された任務を誠実に遂行することによって

ソ連への忠誠を示した。つまりそれは，東京裁判で，日本が満州の侵略で政治的，経済的，宗教的に満州を抑圧し，そしてソ連への軍事侵攻準備の目的に進んでいったと証言したことに，示されている。

　彼はこれらの告白を何度も行い，ハバロフスクのソ連代表者の前で詳細に準備していった。彼らは溥儀にソ連が何を要求しているのか明確に説明した。そして彼はすべてを理解し，同意した。そして次には，溥儀は東京でこれをすべて繰り返さなければならなかった。1946 年 8 月 9 日東京で溥儀は，ソ連内務省職員に付き添われ，デレビャンコ将軍に提供された邸宅内にやってきて，ソ連の監視下に置かれつづけた。裁判中，溥儀はソ連検察代表者の目前で，米国の主任検察官と国際法廷の調査部長によって大いにバイアスのかかった尋問を受けたが，彼の証言が揺らぐことはなかった。彼は事前に検察官らに提示されていたすべての証言資料に同意した。

　ソ連側の告発の証人として満州国元皇帝をソ連側へ引き込むアイデアそれ自体は，この後の裁判で非常に効果的であったことを認めるべきである。溥儀が東京へ到着した日，新聞は彼の写真を掲載し，東京裁判における溥儀の証言の重要性を指摘した。溥儀周辺の興奮は，主任検察官キーナンが彼の尋問を個人的に行うことを決めたほどであった。1946 年 8 月 20 日付けの『毎日新聞』では，次のように記している。「溥儀は，満州が悪魔のような関東軍のおもちゃであったことを，余すことなく正確に証言した[10]。」このように，困難で非常に責任のある仕事を完了した後，溥儀は監視下のもと 1946 年 9 月 6 日，ウラジオストクへ戻った。そしてほどなくして彼は再びハバロフスクの第 45 収容所へ送られた。溥儀は，彼に託された任務を完了した後，次に何が待ち受けているのかと考えていた。そして，以前と同じように，彼は何よりも中国側―蒋介石元帥側に移送される機会が訪れることを恐れていた。

　このような事態を防ぐため，溥儀はソビエト政権内でのポジションを得ようとあらゆる方法を模索した。この目的のために，彼は東京へ出発する前でさえ，彼の宝石と装飾品の一部をソ連へ譲渡する準備があることを二度宣言していた。1946 年 5 月 12 日付けのスターリンへの書簡の中で，彼は「ソ連の国民経済の回復と発展のための戦後基金でそれらを使用するために」これらの寄付を行っていると報告した[11]。彼が回想録に書いたように，残りの貴重品は，彼の私物と一緒にスーツケースの中の二重の底に隠されていた[12]。しかし，明らかに，この寄付行為は，溥儀がハバロフスクでの収監の最後の時間をより快適な状態で過ごせたことを除き，溥儀の運命においてほとんど影響を与えることがなかった。

最初，彼は他の中国人の収容人のように，野菜や花を栽培する小さな土地を与えられた。そして，溥儀は，彼の側近とは別に，ハバロフスクから 12 ～ 15km に位置するクラスノレチカにある，極東戦線の軍事顧問用の 2 階建てダーチャのある集落に移送された。

　しかし，1950 年 7 月 1 日，中国の周恩来政務院総理は，ニコライ・ロシン駐中特命全権大使との会談の中で，もしソ連政府がその時が来たとみなせば，中国政府は溥儀を受け入れる用意があるとすでに述べていた[13]。ソ連内務省と外務省も，溥儀と彼の側近を引き渡す用意があると表明し，中国側への引き渡し場所とその時期について知らせるよう求めた[14]。溥儀と彼の側近，将官，満州国政府の役人ら 58 人と彼らの所持品が，劉西中国外交代表へ引き渡されたのは，1950 年 8 月 3 日のことであった[15]。

　ここで，これまで長いこと謎に包まれていたままになっている溥儀の秘宝について詳しく説明したい。初めてこの問題について書かれたのは，ロシアの権威ある歴史学術誌「ロディナ」2017 年 4 月発行の第 5 号にある「最後の日本の皇帝の財宝」と題する論文であった。その著者ドミトリー・リハノフは，最初の収容先となるチタ近くの施設へ向かう途中，溥儀は警護人に腕時計，タバコ，ネクタイピンといった装飾品を分け与え始めたと論文を書きだしている。さらに，彼はこれらの貴重な所持品を，おそらく警備人への賄賂という意味ではなく，純粋な心情から分け与え，そしてそのようなことは複数回あり，彼はいつも彼の気に入った人に贈り物をしたという。しかし，ハバロフスクでは，事態はまったく別の方向に進んだ。彼と彼の側近が所持していたスーツケースが押収され，111 個のアイテムが入ったその中身は，当時の価値で 47 万 3975 ルーブルと算出された。実際，この数字は間違いなく過小評価されたものであった。なぜなら，真珠で装飾された 1.7ct の金の指輪が 400 ルーブルと評価されたからである[16]。

　もちろん，裁判と調査なしにこれらすべてを没収することは許されることではなかった。彼らはそれを無理矢理ではなく，悪知恵の働く形で奪うことに決めた。1946 年 5 月 10 日，溥儀は内務省管理部の郊外の住居に連れて行かれ，照明のある部屋へ案内された。そこでは，クドリャフツェフ中尉が，あらゆる種類のごちそうや酒が置かれたテーブルで，すでに彼を待っていた。会話の中で，彼らはさまざまなことについて話したが，同席した将校らは，これは尋問ではなく，私的な会談であると強調した。「溥儀氏」，とクドリャフツェフは不意に尋ねた。「あなたはご自身の貴重品をどうするおつもりですか。現在ソ連邦

では，国民経済の復興のため国が融資をしています。さて，あなたがあなたの貴重品をソ連政府に譲渡することに同意したならば，それはとても良いことでしょう[17]。」

　この状況で溥儀は何を残したのか。拒否することは，捕虜となった溥儀の運命を握る地方政府との関係だけでなく，モスクワとの関係をも複雑にすることを意味していた。「以前は，この質問について自分で会話を始めるのにふさわしい機会がありませんでしたが，あなた自身が始めたので，すべての貴重品をソ連政府に喜んで寄付します[18]。」と彼は少し間を置いて答えた。すぐにペンと紙が用意された。溥儀は「最も深く誠実な気持ちで，戦後の国民経済の回復と発展のための基金で使用するために，私の貴重品を受け入れるよう，ソ連政府に依頼することを許可します」と書いた[19]。クドリャフツェフもその贈与書類に署名した。その瞬間から，溥儀皇帝の特別な貴重品は，ソ連の所有となった。しかし，これは本史の終わりとはほど遠いものであり，この歴史は所説続くのである。

　溥儀の回想録には，彼の所有する貴重品のすべてを，ソ連の国有資産として寄贈はしなかったことに触れた記述がある。「私は最良の財宝の一部を残し，甥にそれをスーツケースの底の下に隠すように言った。そこは狭く，そこにすべてを収めることは不可能であった。それでも十分なスペースがなく，多くを捨てなければならなかった。(中略) 私は一定量の貴重品を捨てただけでなく，暖炉に少なくない真珠を捨てた。ソ連邦を去る直前，私は「大きな」方の李に，残りの真珠を屋根の煙突に投げ込むように命じた[20]。」1950 年 8 月，溥儀引き渡しの最中，彼の財宝が中国当局にも譲渡されたとの証拠もある。当時，モスクワと北京の関係が精力的であったことを考慮したので，スターリンはこの一歩を踏み出すことができた。しかし，ここでも説明が必要ないくつかの矛盾する証拠が見つかっている。

　中国には，溥儀の特別コレクションの一部が譲渡された。それらは彼が所有していた希少な財宝だけでなく，ソ連で溥儀とともに抑留されていた人々が個人で所有していた貴重な品々も譲渡された。抑留されていたのは，大臣，将官，満州政府の役人ら総勢 58 人であった。他方で，ソ連に残った溥儀の財宝はどうなったのか，という疑問が生じる。露国立保管庫によると，そのような貴重品は国立保管庫では発見できなかったという[21]。これは十分理解できることであるが，例えば貴重な品々が復興特別基金に譲渡された場合，それらはすぐに売りとばされ，個人の買い手にもらわれることとなる。この仮説は，少し前にキエフで開催されたとある私的展示会で，最後の中国皇帝が所有した約 400 個のア

イテムが発表されたという事実によっても証明されている。中国に返還されなかった溥儀らの貴重品の記録はないが，銀のフレームの扇，皇帝の儀式用の剣，銀の香油，その他の古代の財宝といった珍しいものがあったという。研究者が示唆する通り，それらの財宝は，ハバロフスクで関係のない仏教徒の目に触れないようにされていた。

　黄金の剣，あるいは溥儀の黄金の剣の「正体」について述べておきたい。1950年代終わりまで，剣は日本の戦争捕虜の関連文書や彼らの装飾品とともにモスクワの特別アーカイブに保管された後，モスクワの美術館に移された。極東軍事地区の本部で溥儀の剣を見たと話す人もいる。そして2016年には，サンクトペテルブルクのアレクサンドル・スヴォロフ博物館で，エレガントな絵画と彫刻で飾られた，最後の中国皇帝の黄金の錆びた剣が展示された。溥儀が捕らえられた時，ザバイカル・アムール軍管区のミハイル・コヴァリョフ副司令官は，他の勲章とともに，1964年に剣を博物館に寄贈していたことが明らかとなった。約30年間，剣は博物館の倉庫に置かれ，1991年にサマーラ州トリヤッチの「冷兵器」展にて初めて公開された。

　そして，金，銀，真珠に加えて，ソ連邦は溥儀から非常に貴重なものである，日本の天皇の神道の象徴である鏡と剣を受け取った。溥儀の個人ファイルには，明らかに国家治安当局の誰かが撮影した，これらの寄贈品の写真が保管されている。橋本虎之助満州国祭祀扶総長も，ソ連当局への譲渡について表明していた。さらに，1946年6月，これらの希少性は，軍事捕虜抑留者業務管理総局カブロフ副局長が関心を抱き，彼は次の内容の緊急電報をハバロフスクへ送った。「満州の人々の間で，日本の神道宗教の育成に関する報告は注目に値する。これらのデータを検証するために溥儀から，剣と鏡が本当に日本の天皇家から授与され，満州に持ち込まれ，どこに保管されているかを調べてほしい。この問題についての説明は，自筆の書類で回答してほしい。その内容は，指導部の情報用にすぐに高周波電波経由で返電するよう願う[22]。」そして答えはすぐに来た。

　ここで溥儀からの書簡を引用する。「「1940年6月22日，2度目の日本への出発（…）到着日に，日本の天皇ヒロヒトを訪ねた。宮殿のホールの1つに，神聖な剣と鏡が置かれた祭壇があった。日本の天皇は私に向かって，「満州国が私たちから天照大神の遺産を受け入れたいという願望を表明したなら，私たちはあなたの願いに応える」と言った。その後，日本の天皇から剣と鏡を受け取った。……降伏後，私とトシマは，建国神廟と建国忠霊廟の鏡と剣を取り，日本に持って行き，適切な人に渡したいと考えていた。トシマという役人が建国忠霊廟の

鏡を持っていた。彼は私と一緒にムクデンで捕虜になり，その後私は長春の街で彼から引き離された。そしてその後私は彼がどこに行ったのか分からない。」」と溥儀の書簡には書かれてた[23]。

　筆者は幸運なことに，亡くなった全日本抑留者協会の齋藤六郎会長と共に，1995 年に日本で戦後 50 周年祈念の「シベリア捕虜展」を開催した際，この天照大神の「遺産」を日本で展示するための交渉にあたり，実際にこの貴重な 2 つの「遺産」を確認した。これらの「遺産」がロ・日のどこに保管されているのかを知っている人はほとんどいない。「遺産」は，モスクワにあるロシア軍の博物館に保管されている。何らかの理由で，保管庫の職員は，これらの歴史的価値ある品を，悪ふざけのベールで包まれたもの，悪魔に守られている，魔法をかけられている，手で触れたり，見たりしない方が良いなどと主張している。「遺産」を海外へ出典するのを許可しなかった博物館館長との交渉では，まずはロシアで展示されるべきであるという事実に言及していたが，実際は交渉中に職員のうわさする「悪ふざけの神秘主義のベール」を筆者は常に感じていた。しかしこれまでずっと，この貴重な「遺産」は未解明の「うわさ」が解明される可能性を待ちつつ，博物館の倉庫に保管され，博物館訪問者や歴史家からも注意深く秘し隠されている。

註

1　Хаттори Такусиро. *Япония в войне. 1941-1945.* СПб. 2000. с.840. （服部卓四郎『戦火の日本 1941-1945』サンクトペテルブルク，2000 年，p.840）

2　*Рубеж.* 2003. №4. с.287. （『フロンティア』2003 年第 4 号，p.287）

3　Региональное управление ФСБ по Читинской области. Архивное дело №222. ЛЛ.90, 97, 98. （チタ州ロシア連邦保安庁地方管理事務所 Archive delo222.list.90,97,98）

4　С.В.Карасев, “Император Пу И в советском плену”, *Вопросы истории*, 06. 2017. с.120. （セルゲイ・カラショフ「ソ連の捕虜溥儀皇帝」『歴史の諸問題』2017 年 6 月，p.120）

5　Д. Лиханов, “Куда пропали сокровища последнего китайского императора”, *Родина*. №5. 17.04. 2017. URL: rg.ru/2017/04/17/rodina-sokrovischa.html. （ドミトリー・リハノフ「最後の清皇帝の財宝はどこへ消えたのか」『ロディナ』2017 年第 5 号）

6　Там же. （同上）

7　Там же. （同上）

8　Там же. （同上）

9　Там же. （同上）

10　『毎日新聞』（1946 年 8 月 20 日朝刊）。

11　ГА РФ. Ф. 9401. Оп. 2. Д.269. Л.163 - 164. （ロシア国立文書館，fond.9401. Op.2. delo.269.

list.163-164）

12　Пу И, С. *Первая половина моей жизни. Воспоминания Пу И – последнего императора Китая.* M.1968. с.413.(愛新覚羅・溥儀『わが人生の前半：溥儀の回想──清最後の皇帝』モスクワ，1968 年，p.413)

13　С.В.Карасев, Указ. Соч.（セルゲイ・カラショフ，前掲「ソ連の捕虜溥儀皇帝」）

14　ГА РФ. Ф.9401. Оп.2. Д.269. Л.399.（ロシア国立文書館，fond.9401.Op.2. delo.269. list.399），delo.269.list.399.

15　Там же（同上）

16　Д. Лиханов, Указ. Соч.（ドミトリー・リハノフ，前掲「最後の清皇帝の財宝はどこへ消えたのか」）

17　Там же.（同上）

18　Там же.（同上）

19　Там же.（同上）

20　Там же.（同上）

21　Там же.（同上）

22　Там же.（同上）

23　Там же.（同上）

参考文献

（ロシア語）

ГА РФ. Ф. 9401. Оп. 2. Д.269. Л.163-164.（ロシア国立文書館，fond.9401. Op.2. delo.269. list.163-164）

ГА РФ. Ф.9401. Оп.2. Д.269. Л.399.（ロシア国立文書館，fond.9401.Op.2. delo.269. list.399），delo.269.list.399.

С.В.Карасев, "Император Пу И в советском плену", *Вопросы истории*, 06. 2017.（セルゲイ・カラショフ「ソ連の捕虜溥儀皇帝」『歴史の諸問題』2017 年 6 月）

Д. Лиханов, "Куда пропали сокровища последнего китайского императора", *Родина*. №5. 17.04. 2017. URL: rg.ru/2017/04/17/rodina-sokrovischa.html（ドミトリー・リハノフ「最後の清皇帝の財宝はどこへ消えたのか」『ロディナ』2017 年第 5 号）

Пу И, С. *Первая половина моей жизни. Воспоминания Пу И – последнего императора Китая.* M.1968.（愛新覚羅・溥儀『わが人生の前半：溥儀の回想──清最後の皇帝』モスクワ，1968 年）

Региональное управление ФСБ по Читинской области. Архивное дело №222. ЛЛ.90, 97, 98.（チタ州ロシア連邦保安庁地方管理事務所，Archive delo222.list.90,97,98）

Рубеж. 2003. №4.（『フロンティア』，2003 年第 4 号）

Хаттори Такусиро. *Япония в войне. 1941-1945.* СПб. 2000. с.840.（服部卓四郎『戦火の日本 1941 ～ 1945』，サンクトペテルブルク，2000 年）

（日本語）
『毎日新聞』（1946 年 8 月 20 日朝刊）。

〈訳：小林昭菜〉

満洲の日本占領と溥儀（ソビエトロシアの観点）

日本の満洲占領と日ソ関係，その二元性と変貌

コンスタンチン・O・サルキソフ

（Konstantin O. Sarkisov）

1920 ～ 30 年代

1920 年代の後半，孫文が北京にてアメリカ経営の病院で亡くなり，その後，広東と上海でのコミンテルン絡みの共産主義者に対する弾圧と虐殺が起こった。その後，蒋介石率いる中国国民党政権は，ソビエト連邦に対して公然と敵対的態度を取るようになった。一方，軍閥が支配した満洲には，東清鉄道の強制的な押収の試みと，ソビエトの従業員に対する残忍な弾圧を背景に反ソ雰囲気は堅調になった。

1927 年，総理兼外務大臣を務めた田中儀一が主催した「東方会議」で，満洲に対する日本の特別な関心が定義された[1]。その後 11 月 5 日，日本訪問中，蒋介石は田中首相との会談で，満洲に対する日本の関心は特別であり，その地域の将来は日本にとって『対岸の火事ではない』ことを明確にした。

1931 年 満洲での日本の制圧は，ソ連にとって長さ約 2500km の国境の反対側に，軍事的に弱い政権の代わりに，より手ごわく，しかし対話と妥協ができる相手，そしてより近い隣国として日本が台頭したことを意味した。数年後，東清鉄道の売却を以て明らかになったように，日本との話し合いで受け入れ可能な条件に基づく妥協ができると，モスクワは日本との関係の「維持と強化」に努めた。軍事衝突は避けられないという推測があったが，軍事力が十分に蓄積されるまでそれを延期させる意図もその背景にあり，ソ連の政治的運営には，日本に対する「飴」と「鞭」の併用も目立った。

ソ連の対日政策の二元性が堅調になり，ソ連外務省が融和的な態度をとっていた一方，中国領土に侵食した「日本軍閥」を非難していたソ連の新聞の論評

（一）田中外務大臣ノ訓示

六、満蒙殊ニ東三省地方ニ関シテハ国防上並国民的生活ノ関係上重大ナル利害関係ヲ有スルヲ以テ我邦トシテ特殊ノ考慮ヲ要スルノミナラス同地方ノ平和維持経済発展ニ依リ内外人安住ノ地タラシムルコトハ接壌ノ隣邦トシテ特ニ責務ヲ感セサルヲ得ス

然リ而シテ満蒙南北ヲ通シテ均シク門戸開放機会均等ノ主義ニ依リ内外人ノ経済的活動ヲ促スコト固地方ノ平和的開発ヲ連カナラシムル所以ニシテ我既得権益ノ擁護乃至懸案ノ解決ニ関シテモ亦右ノ方針ニ則リ之ヲ処理スヘシ

七、若夫レ東三省ノ政情安定ニ至テハ東三省人自身ノ努力ニ待ツヲ以テ最善ノ方策ト思考ス三省有力者ニシテ満蒙ニ於ケル我特殊地位ヲ尊重シ真面目ニ同地方ニ於ケル政情安定ノ方途ヲ講スルニ於テハ帝国政府ハ遠辺之ヲ支持スヘシ　（注…後段五、（付）発表関係参照）

八、万一動乱満蒙ニ波及シ治安乱レ同地方ニ於ケル我特殊ノ地位権益ニ対スル侵迫起ルノ虞アルニ於テハ其ノ何レノ方面ヨリ来ルヲ問ハス之ヲ防護シ且内外人安住発展ノ地トシテ保持セラルル様機ヲ逸セス適当ノ措置ニ出ツルノ覚悟アルヲ要ス

35

は激しかった。朝日新聞の特派員としてモスクワに駐在した丸山政男は，次のように記した。ソ連邦は日本に対しひどく神経質である。ソビエト新聞は，日本の大小新聞から，さては名も知られないような雑誌の隅々までを探して日本のセンセーショナルな「対露計画」を見つけ出し，神経を高ぶらせ，騒ぎ立てている。もしそれが露領沿海州，カムチャッカに関する何らかの計画が見つかったならば，ソ連の神経は異様に尖ったものになる。新聞ばかりでなく，政府の首脳モロトフ氏までが最近「日本が問題になる」と皮肉さを交えて報道してさえもいた[2]。

　10月29日に特別声明で「厳格な中立」を宣言したソ連外務省に翌日，日本大使を勤めた廣田（のちの日本外相）が，カラハン外務次官を訪れ，ソビエト軍の将校と満洲の「反逆者」である中国将軍との「接触」に触れて日本政府の懸念を公式に表明した。「銃，野戦銃，砲弾，軍事資材の供給のこと，またソビエト軍が東清鉄道を守ることなどを口実に派遣された場合，それは二国間の雰囲気と現況を悪化させるだろう」と警告していた。リトビノフ外相が11月19日の廣田に会い，次のように述べていた。「ソビエト政府は…日本との既存関係の維持と強化を非常に重要視している。世界のあらゆる紛争に関して，中国もそうですが，厳格な非干渉の態度を順守するのはソ連の基本方針である。日ソ関係を維持するために日本政府も努力してもらいたく，満洲にはソ連の利益を損害しないような配慮を期待している。」満洲での日本の作戦は日本の問題で，日中関係の問題であり，しかし，東清鉄道に関してはソビエト連邦の<u>利益が損なわれ</u>

84

るべきではないということを強調していた[3]。

　満洲には 10 月を通して中国軍が混乱状態に陥って北部に撤退し，11 月 19 日正午，日本軍はチチハル（黒竜江の首都だけでなく，ハルビンに向かう途中の東清鉄道の大きなジャンクション）を占領した。これに対して日本軍の司令部の発表要約には「ロシアが何の反対の行動を起こさない」と，注視した。

　中立を宣言しても，その裏にはモスクワの親中政策があり，それでも日本との関係を憂慮して人道的な問題の場合，日本側に協力するには吝かでない。11月 20 日，幣原外相がハルビンの大橋総領事宛に，邦人は地元住民に迫害される際，彼らの避難には，現場のソビエト当局が手を貸してくれるという電報を送った。東京に長井外務次官との会談で，ソ連大使代理のボリス・メルニコフ（キャリア軍事諜報員，ハルビンの総領事，東清鉄道の理事会のメンバー，1938 年にモスクワで粛清された）は同様のことを保証した[4]。

　満洲において清朝の最後の皇帝を立てる日本側の意図について，最初の噂は1931 年 11 月初旬に現れた。そもそも，1924 年北京で，馮玉祥の軍に囲まれ，宮殿からクーリーを装って大きな家族全員を連れて逃げだし，天津に引っ越した。ここで 1931 年 11 月 7 日に日本人街にある溥儀の住居で暗殺未遂事件が起こった。フルーツバスケットに入れられた爆弾がどういうわけか，爆発しなかったのである[5]。

　傀儡国家形成に元中国皇帝を利用することが東京の一案であったことは明らかで，これによって，海外の国々に認められ，実際上併合した中国の一州にはまともな様子を与えようと努めた。そもそも，「韓国併合方式」を考えた関東軍は参謀本部と陸軍省のなかにいた支持者の力で，その意図を推進しようとしたが外務省など政府のほうがこの案を抑え，関東軍の司令官を日本国大使の立場を与え，結局「独立国家」の形を取らせた。

　満洲の誕生には溥儀がこの国の皇帝として象徴となり，統治の中心的役割を果たした日本軍は，日本自体において抵抗に直面した「皇道」(Kingly Way) の思想を満洲で実施する機会をみていたようである（数年後，1936 年 2 月 26 日，このイデオロギーの軍の一部のクーデターが失敗した）。

　この熱心な持論者の一人，当時日本外交官の河相達夫[6]は，1932 年 12 月にワシントンで日本大使館の一等書記としての立場でジャパンタイムズのインタビューに応じ，満洲に適用される「皇道」の概念を詳しく説明した。

　「満洲国政府には多くの日本人顧問がいる，彼らは若く，献身的で，猟官制[7]の影響を受けず，高い理想を持って野心的です。彼らが新しいユートピアを試

露國侵略下の 外蒙を見よ 英紙滿洲國を是認

グ●ポスト紙は左の如く論ぜる

[ロンドン十日發聯合]

九日附發聯合記モーニン

日本が滿洲にばく大なる權益を育するこ
とはいふまでもない、支那が國
際聯盟に對し、飽んに日本のこ
とのみを訴へてゐるが、然しな
がら、支那は勞農露國をして外
蒙に侵入する邪惡を忌
れてはならぬ、今や外蒙古はソ
ヴェート聯邦の一員となつてし
まつた、故にもし日本が滿洲を
しつかり押へてゐなければ滿洲
も又遠からず勞農露國の一員と
なることは確實であると、この專賣を
口舌の平和論者なるセシル卿一
味は無視してゐるのである、現
在の寶情から見ると、日本目下
の怖るべき繁榮は、一つには支那
本土の失政によるものである、
何ともなれば、支那本國における
失政は支那人を驅つて樂土滿洲
へ避難せしむるに至つたから」

```
(By Rengo Service)
CHANGCHUN, April 21—Soviet
Russia appears very likely to be
the first Power to recognize the
Manchurian State. The Manchu-
kuo authorities have been favor-
ably impressed by the recent ac-
tion of the Soviet Government in
demanding the recall of the Chi-
nese Consul at Blagochensk, and
interpret it as foreshadowing
formal recognition.

Soviet Russia, it is said, will
respond to a request of Man-
chukuo for establishment of
friendship and start of commercial
relations, solve various problems
in connection with the Chinese
Eastern Railway to advantage,
relieve the Russo-Japanese feeling
of tension and solidify its posi-
tion in the Far East.
```

すために満洲国に来ています。満洲国に，少数のエリートではなく，一般の人々
に幸福をもたらす国政を作ることに傾倒しています。彼らは，西側の民主主義
政府と米国の資本主義体制に対しては幻滅を感じている。近年，世界中，君主
政府が次々と崩壊しているがこれを見る彼らの精神力は，伝統が若者の野心を
覆す日本で拘束されて，私は満洲国でこれらの若い日本人アドバイザーに自信
を持っています。彼らのエネルギーのおかげで満洲国の新政府が失敗すること
はないと確信しています。満洲国政府は，ヘンリー・プイ（溥儀）政権下で，孔
子によって作成されたのではなく，彼によって最も真剣に教えられた皇道（ウェ
ンウェイ）の古い政治哲学を改訂しています。…中略…それは，人々の利益は統
治者の利益であり，統治者は父と息子の関係柄で，言い換えれば，人々の幸福
は統治の最高の目的であるべき。」一方，このインタビューで河相氏が満洲押収
の真の動機をさりげなく明らかにしていた：「満洲には天然資源がたくさんあ
る。石炭と鉄が豊富にあることを私たちは知っている。…中略…大豆製品は世

界の農業生産量の 60％を占めている[8]。」

　1932 年　外モンゴルのソ連支配になぞらえ，満洲占領の政策を正当化する試みもあった。「露国侵略下の外蒙を見よ」題名で英紙の論評を引用していた[9]。

　満洲国ができてから，その国際承認に力を入れていた日本は，ソ連新聞の敵対的な調子の発表にもかかわらず「ソビエトロシアは満洲国を認める最初の大国になる可能性が非常に高いようだ」と連合通信社が報道していた[10]。

　1933 年　ソ連中央執行委員会　（政府）の会議（12 月 29 日）でリトビノフ外相は満洲の日本占領を受け，一定の 構想を打ち出していた。「北京協定[11]の締結（1925 年）より 1931 年末までの期間中，ソビエト連邦と日本の間で最良の隣人関係が存在した。紛争や「大きな誤解」もなかった。あっても，平和的な外交手段によって解決できた。どちらの側からも脅迫はなかった。私たちは日本をとても信頼していたのに日本が満洲で軍事作戦を開始し，その以降，状況が変化し始めた…中略…全世界とともに，これらの作戦は日本が国際条約を以て自主的に引き受けた多くの義務を違反したことを見逃すことはできなかった。…中略…満洲の占領は，…中略…北京協定によって確認されたポーツマス条約の違反でもあった。この条約により，日本は満洲で一定の最低数しか軍隊を維持する権利を持たない。しかし当時われわれが日本に対して行われた国際的な行動に参加することを避けていた理由もあった。第一に，これらの行動に参加国の誠実さと一貫性を信用できなかったためである。そして最も重要なのは，私たちが日本との軍事衝突を望んでいなかったし，今現在もそうである。私たちは日本にただ一つを求めようと，それは，東清鉄道でソ連の商業的利害の遵守のことで，つまり満洲にはこの関心しか存在しないことである。」またリトビノフはその演説の最後には，建設的なアプローチを提案し，感情的に宣言する。「私たちは日本国に次のことを声明する。…中略…私たちは以前のようにあなたと一緒に暮らしたい。あなたの権利と利益を尊重し，私たちの権利と利益を同じように扱ってくれることだけを希望し，今までのように平和に暮らしたいと思う。」[12]

　ソ連外務省の慎重な態度の背景には外国からの日本に対する批判が穏やかで，日本の出兵は「理解」し，「同情」していた英国の振る舞いは特に目立っていた。英国の大衆向けのデイリーメールは次のように呼びかけていた。「Do we wish to see Manchukuo relapse into chaos? Japan is playing there exactly the same role as Great Britain is playing in Egypt, and the United States in Panama, Nicaragua, and Haiti. To leave alone, instead of worrying her, should be therefore the British principle（日本は満洲国が混乱に陥るのを望んでいるのか。　日本の満洲における役割は，英国のエジプトに対する行動振りとまったく同じ，米国のパナマ，ニカラグア，ハイチでやっているとまったくおなじです。したがって，日本を悩ますのではなく，放っておくことは英国の原則であるべきだ）[13]。

1933 年　日本侵略の拡大の悪循環

　2 月 24 日，国際連盟で満洲は中国の不可分の一州である旨の決議案が解決され，日本はこの国際機関から脱退した。

　5 月 31 日，日本軍が熱河作戦に成功し，塘沽協定ができ，中国軍は長城から大体 100 キロ以内一定の線以西及以南の地区に「一律に撤退しその後同線を越えて前進しない，さまざまな条件付けで日本軍は自主的に「概ね長城の線に帰還す」となっていた。

　満洲に隣接する中国の一州が加わるのを記念して，溥儀は日本軍の兵士たちに「慰安婦を買うため」武藤司令官を通じて 1 万円を差し出した[14]。

　東清鉄道売却の二年前にその敷地に営業・教育などのソビエト機関への抑圧が続き，ある学校では，「レーニンとソビエト政府のメンバーの肖像画を壁から取り除くことが要求され，断れた時に，溥儀の肖像画がレーニンの肖像画の上に掛けられるという条件で妥協ができた[15]。

1934 年　満洲国から満洲帝国へ

　3 月 1 日，新京に溥儀の堂々たる即位式が挙行され，新聞がその数百年の伝統を思い出し，鮮やかに描いていたように 300 年近く北京を統治していた満洲皇帝の即位式に新皇帝が祖先に報告するため「墓の谷」のお参り，行列に 1,800 人以上の法廷旗兵の護衛，皇帝の椅子籠の前に開かれた 54 本の傘，ドラゴンが刺繍された 54 本の誇示バナー，フランスがインドシナとアンナムを併合した前，数頭の象の行進等々の華やかに行われていた。

　今回は「墓の谷」は万里の長城の中にあり，溥儀は椅子籠の代わりにアメリカ製の自動車に乗車して移動していた。

　ソ連の新聞は 3 月 3 日，新京に行われた溥儀の堂々たる即位式と皇帝を日本兵があやつる人形の様子を漫画の形で紹介していた[16]。

1935 年　日本への来訪

　「高橋三吉中将が指揮する 70 隻以上の軍艦を含む連合艦隊は，九州以西に実

溥儀が回想録に名指した「人形使い」満洲国総務長官の建部六蔵

施中の演習を停止し，正装で並んで，康徳皇帝を乗せた「比叡」戦艦を迎えた。皇帝が乗った日本天皇海軍旗艦はおよそ1時間，戦艦，巡洋艦，補助艦の長い列の間を堂々と進んでいました。海軍のホストは，ゲストの皇帝が通りかかったとき，21発の祝砲を続けた。30歳の溥儀は，1年前に王位に就いて以来，初めて海外旅行にでていた。」

　ソ連新聞は満洲皇帝の日本来訪に付いて言及せず，変わりに中国共産党が設立した紅軍が成功裏に四川省と貴州省において作戦を展開し，省都の貴陽市と成都市に向かって進んでいると報道した。

大連埠頭より御来艦の皇帝陛下

1935年4月5日 夕刊

THE NEW YORK TIMES, THURSDAY, APRIL 4, 1935.

Japan's Fleets Welcome Manchukuo Ruler In Nation's Biggest Fete for Foreign Guest

By The Associated Press.

TOKYO, Thursday, April 4.—A magnificent display of Japan's sea power, such as never before has greeted a foreign visitor, welcomed Emperor Kang Teh of Manchukuo to Japanese waters today.

The combined fleets, commanded by Vice Admiral Sankichi Takahashi and including more than seventy warships, halted manoeuvres west of the Island of Kyushu and lined up in full dress array to receive the Hiyei, naval flagship of the Japanese Emperor, carrying Emperor Kang Teh. For nearly an hour the Emperor's ship steamed majestically between the long lines of battleships, cruisers and auxiliaries.

The naval host kept up a continuous salvo of twenty-one-gun salutes as the guest-Emperor passed by. The 30-year-old monarch was mak-ing his first excursion abroad since he ascended the throne a year ago. He is coming to pay his respects to Tokyo on behalf of his subjects.

A heavy rain and leaden skies dulled the display somewhat, preventing the fleet's airplanes from manoeuvring for the visitor's benefit.

The purpose of the visit of Kang Teh, formerly known as Henry Pu Yi, was officially announced as to fulfill his "long-cherished desire to show, on behalf of his subjects, the gratitude of the people of Manchukuo for Japan's assistance and sympathy in the founding of their nation."

Kang Teh was expected to reach Tokyo either Friday or Saturday, remaining nine days, and then to spend a week of sightseeing in Western Japan before beginning his return voyage on April 21.

御上陸の皇帝陛下

横浜港に着く

横浜港に交差した日本と満洲帝国の国旗

1936 年　満洲の刑務所にソビエト市民の受刑者が前例のない拷問と殴打にさらされている旨の抗議書が日本外務省に提出された。1 月 30 日深夜ストモニャコフ外務次官が大田大使を外務省に呼び出し，「武装して民間服を着た 4 人の日本・満洲の兵士が 6 匹の犬をつれてソ連領土に侵入した」と伝えていた。この事件は徐々に拡大し，死傷者が出るまでになっていた。

　2・26 事件直後，1936 年 3 月 1 日，アメリカ記者のインタビューの中でスターリンは，「もし日本がモンゴル人民共和国を攻撃し，その独立性を侵害すれば，われわれがモンゴル人民共和国を支援する必要になると思う」と，日本を抑制しようとし，両国の対立が激しくなっていった[17]。

　ソ連が憂慮していたのは南京で行われていた蔣介石と有吉日本大使との交渉

である。満洲の離脱と傀儡政権の定着化にもかかわらず，南京で蒋介石と有吉日本公使（1935 年から大使）との交渉には妥協案の模索が続き，いわゆる廣田三原則（36 年 1 月の第 68 帝国議会で発表された三つの原則：排日言動の徹底的取締り，<u>満洲国独立の黙認および満洲国と華北との経済的文化的な融通提携</u>，共同防共に参加）ができた時に，「外相の演説を見て大いに感服し，…中略…外相の演説に共鳴する為，自分の考えを内外に声明する決心を固めた。」と蒋介石が有吉に打ち明けた [18]。

　<u>1937 年</u>　盧溝橋事件が起こり，後々全面的な中国との戦争になれば，満洲帝国と溥儀のことは一応前景から退いたが 1938 年 7 月〜 8 月，張鼓峰事件，1939年 5 月〜 9 月，ノモンハン事件が勃発し，満洲帝国がまた注目を浴びるようになる。

　その時に蒋介石とスターリンの接近によって満ソ国境で緊張が高まりつつあった。

1940 年代

　11 月ソ連モロトフ外相はドイツへ向かう。ベルリンでヒトラーとリッベントロップと 2 回にわたって会談した。ドイツの首都で話をするために事前に作成された「訓示」では，第 9 項は次のようになっていた。「中国に関しては，秘密の議定書の中で，要点の一つとして，中国（蒋介石）の名誉ある平和を達成する必要性に言及する。その仲介には独逸と伊太利とともにソ連が参加できる可能性がある，インドネシアが日本の影響範囲に入るという認識に異議なし（満洲国は日本の所有のものとして存続する）」。

　1 回目の会談は 11 月 12 日に行なわれ，リッベントロップは「日本と蒋介石の間に妥協と仲直りが望ましい」といい，その後の会談にはヒトラーが曰く「アジアには，独逸の関心が大体貿易に限られ，アジアの襲来は日本によるものですがその大きな国民の復興の可能性もある」。ソ連外相から，次のような発言があった。「ソ連邦，ドイツ，イタリア，日本の主な影響範囲を区切る「共同作業」が可能であって望ましいと思うが，これについても合意する必要がある。さらに，これらの将来の問題は，今日の問題と正しくリンクする必要がある」。リッベントロップから提出された「四カ国条約」の草案の原稿には「ドイツ，イタリア，ソ連邦，日本は，相互利益の領域を尊重することを約束する。これらの利益の領域が接触する限り，彼らはこの事実から生じるすべての問題をめぐっては友好的な精神で同意する」[19] と，記されていた。

　1941 年，4 月 3 日締結された日ソ中立条約に添付された宣言には「満洲帝國」

ハバロフスク収容所の一場面

THE NEW YORK TIMES, WEDNESDAY, AUGUST 21, 1946.

ARRIVING IN JAPAN

PU YI SAYS JAPANESE SPONSORED OPIUM USE

Henry Pu Yi in Tokyo on Aug. 9
Associated Press

TOKYO, Aug. 20—(AP)—Henry Pu Yi testified today that Japan made opium addicts of Manchurians to keep down revolt and was planning an invasion of Russia while he was puppet ruler of Manchuria, but later he suffered a severe lapse of memory under defense questioning.

Pu Yi fenced off every defense effort to get him to admit that in the late 1920's there was any banditry under Chinese generals, that the Manchurians were oppressed or that the warlords burdened their people with taxes.

In two and a half hours of cross-examination, the defense drew nothing more explicit than "I don't remember." His monotonous replies set the judges of the International War Crimes Tribunal to shaking their heads in exasperation.

But Pu Yi brimmed over with information for the prosecution earlier.

Testifying that Japan made opium addicts of the Manchurian people, he declared that the Japanese Kwantung army promised that it would suppress the use of the narcotics but instead built up an opium business that netted $360,000,000 profit yearly.

監獄中の珍しい笑顔の写真

という公式国名を使った文書にソ連モロトフ外相の署名があったが，これは正式な承認行為がなかった事実上の承認に等しい，無完結公式承認と見なすことができる。

「大日本帝國政府及「ソヴイエト」社會主義共和國聯邦政府ハ千九百四十一年四月十三日大日本帝國及「ソヴイエト」社會主義共和國聯邦間ニ締結セラレタル中立條約ノ精神ニ基キ両國間ノ平和及友好ノ関係ヲ保障スル為大日本帝國カ蒙古人民共和國ノ領土ノ保全及不可侵ヲ尊重スルコトヲ約スル旨又「ソヴイエト」社會主義共和國聯邦カ滿洲帝國ノ領土ノ保全及不可侵ヲ尊重スルコトヲ約スル旨厳肅ニ聲明ス」となっていた。独ソ戦争が 6 月 21 日勃発し，これによって事情が一変してしまうが日ソ中立条約が維持され，ソ連が 1945 年 9 月にこれ

を破棄し，千島，樺太，満洲に侵入した。200人以上からなるソ連軍の着陸部隊が8月18日奉天の空港で突然着陸して溥儀を逮捕した。ハバロフスクで囚人として暮らしていた溥儀は生活上不自由することはなかったという。

<u>1946年</u>　溥儀は前年ソ連軍に逮捕され，この年に東京裁判所に出廷する。

1949年10月中国で共産党政権ができ，溥儀はスターリン宛の信書に身柄を中国に渡さないよう懇願していたが，1950年中国で撫順戦犯管理所に投獄されたのである。

註
1　外務省『日本外交文書「昭和期I　第1部第1巻　昭和2年（1927年）対中国関係』（東京：日本外交文書デジタルコレクション）。
2　『朝日新聞』（1934年1月4日東京，朝刊）。
3　*Документы внешней политики СССР*, Москва, Главполитиздат. 1931. cc. 670-671.（ソ連外交文書，モスクワ，1933年，pp. 670-671）
4　外務省『日本外交文書「満洲事変　第1巻第1冊（昭和6年［1931年］9月から昭和7年［1932年］1月まで）』（東京：六一書房，1977年，p.269）。
5　*New York Times*, November 9, 1931.
6　太平洋戦争の前に在豪州公使となった。戦争勃発後抑留され，帰国して，平和主義者に転向して外務省を解任された。戦後，吉田茂の内閣に外務次官に就任した。
7　政党による選挙の勝者はその支持者への報酬として，公務員の仕事などの恩恵を山分けしている慣習。
8　"Bright future for Manchukuo", *Japan Times*. 05.12.1932.
9　『朝日新聞』（1932年1月3日）。
10　*Japan Times*, Apr 25, 1932.
11　1925年1月20日付けの「日ソ基本条約」。
12　*Документы внешней политики СССР*, Москва, 1931, cc. 793-796.（『ソ連外交文書』，モスクワ，1931年，pp.793-796）
13　*Daily Mail*, Feb 27, 1933. "Leave Japan Alone", *Japan Times*, Apr 18, 1933.
14　*Japan Times*, Mar 23,1933.
15　*Документы внешней политики СССР*, Москва, 1933, c.681.（『ソ連外交文書』，モスクワ，1933年，p.681）
16　*Известия*, 03.03.1934.（『イズベスチヤ』1934年3月3日）
17　*Документы внешней политики СССР*, Москва, 1936, c.105.（『ソ連外交文書』，モスクワ，1936年，p.105）
18　外務省『日本外交文書　昭和期II　第1部第4巻［上巻］昭和10年［1935年］対中

国関係一，日中外交関係一般（いわゆる三原則交渉を含む）』（東京，日本外交文書デ
ジタルコレクション，2006 年，p.13)。

19　*Документы внешней политики СССР*, Москва, 1936. cc.47,49,81.（『ソ連外交文書』，モス
クワ，1940 年，pp.47,49,81)

参考文献
（ロシア語）

Документы внешней политики СССР, Москва, Главполитиздат. 1931.（ソ連外交文書，モ
スクワ，1933 年）

Документы внешней политики СССР, ,Москва, 1931.（『ソ連外交文書』，モスクワ, 1931 年）

Документы внешней политики СССР, Москва, 1933,（『ソ連外交文書』，モスクワ, 1933 年）

Документы внешней политики СССР, Москва, 1936.（『ソ連外交文書』，モスクワ, 1940 年）

Известия, 03.03,1934.（『イズベスチヤ』1934 年 3 月 3 日）

（英語）

Daily Mail, Feb. 27, 1933.

Japan Times, Apr. 25, 1932.

"Bright future for Manchukuo", *Japan Times*, Dec. 05, 1932.

"Leave Japan Alone", *Japan Times*, Apr 18, 1933.

（日本語）

『朝日新聞』（1932 年 1 月 3 日）。

『朝日新聞』（1934 年 1 月 4 日東京，朝刊）。

外務省『日本外交文書「昭和期Ⅰ　第 1 部第 1 巻　昭和 2 年（1927 年）対中国関係』（東
京：日本外交文書デジタルコレクション）。

外務省『日本外交文書「満洲事変　第 1 巻第 1 冊（昭和 6 年［1931 年］9 月から昭和 7
年［1932 年］1 月まで）』（東京：六一書房，1977 年）。

外務省『日本外交文書　昭和期Ⅱ　第 1 部第 4 巻［上巻］昭和 10 年［1935 年］対中国
関係一，日中外交関係一般（いわゆる三原則交渉を含む）』（東京，日本外交文
書デジタルコレクション，2006 年）。

最後の皇帝溥儀の身分の転換から見る
中国共産党の改造政策と統一戦政策

陳　宏

（Chen Hong）

はじめに

　愛新覚羅・溥儀の歴史的人生の絵巻を振り返れば，世にまれな数奇な経歴が紙面に浮かび上がってくる。彼の身分は激動の歴史の過程で常に変化してきた。清朝の皇帝から遜帝（退位した皇帝），次には寓公（亡命貴族），三度目は傀儡，四度目は囚人，五度目は戦犯，六度目は国民となり，最後は中華人民共和国政治協商会議委員となった。歴史の歯車が止まることはない。国内外の歴史で位を追われた皇帝は，最終的にみな断頭台に送られるが，最後の皇帝溥儀は中国というこの土地で不思議にも生まれ変わり，幸運にも皇帝から国民という人生の道を歩むことができた。1960 年代は一般国民から政治協商会議委員となり，政治に参加し姿勢に意見を述べ，彼の政治の生命と意義を新たにした。これは中国共産党が封建的な歴史人物を救い，人間改造が成功した模範であり，国内外で大きな影響を生んだ。これは中国共産党の寛容性と偉大さを余すことなく示している。これについて，周恩来総理（首相）はと「我々は最後の皇帝溥儀を改造し，彼を新中国の国民とした。これは世界を驚かす奇跡である」と言った。

1　最後の皇帝溥儀の人生

　愛新覚羅・溥儀は清代の最後の皇帝であり，中国封建社会での最後の皇帝でもある。1908 年 12 月 2 日，3 歳の溥儀は「同治を継承し，光緒の跡を継ぐ」という名義で，清朝成立以後第 10 代の皇帝の座につき，年号が宣統とされた。

　1911 年，辛亥革命が起き新王朝が倒れると，「清の王室を優待する条件」をもとに，溥儀は「宣統皇帝」の称号が保留され，紫禁城内で君臣の儀の帝王としての生活を送った。1924 年，馮玉祥が国民革命群を率いて溥儀を紫禁城から追

図1　溥儀が皇帝から傀儡皇帝へ，戦犯，国民へ，政治協商会議の委員へと，その身分が激動の歴史で常に変化した

図2　ソ連での囚人期間，溥儀は日本の東京へ行き極東国際軍事法廷で証言をした

い払い，溥儀は日本公使館に避難することとなり，その後秘密裏に天津の日本租界へ行った。

　1925年2月24日，溥儀は天津の張園と静園で7年間寓公生活を送った。その間復辟大清王朝として，溥儀は清朝の遺臣らを味方につけ，国内の軍閥と手を結び，国外の政治家や軍人と頻繁に接触した。「九・一八」事変が勃発すると，溥儀は日本こそ「第一の外国の支援」だと信じ，1931年11月10日夜，日本の憲兵や特務に守られ，こっそり海河を渡り，東北へ向かった。

　1932年，溥儀は東北に着くと，まず偽満洲国傀儡政権の「執政」「皇帝」となった。日本の関東軍に操られ，東北の主権を売り，一連の反動的な詔や法令を裁可し，日本が発動した侵略戦争を支持し，日本の植民地統治者が東北人民を傷つけ使役するのを助け，民族の罪人となった。

　1945年8月15日，偽満洲国が崩壊し，溥儀は瀋陽空港から日本へ逃亡しようとしたとき旧ソ連の紅軍の捕虜となり，ソ連に連行され，チタとハバロフスクで囚人として5年間国外生活を送った。

　1950年8月1日，溥儀は身柄を移されて帰国し，撫順の戦犯管理所へ収監された。中国共産党は人道主義的な改造政策をもって，溥儀に10年にわたる教育と改造を行い，ついに彼に罪を認めさせ，心を入れ替え新たな人生を送らせる

図3　溥儀が近郊の北京植物園での仕事の期間，道が遠いことから指導者から派遣された車で北京市内に帰り休暇を過ごした

図4　溥儀は帰国して観光をする華僑を歓迎し宴会に参加した

ことになった。

　溥儀は特赦によって北京に帰り，一人の一般国民となった。中国共産党統一戦政策の導きと中国政府の配慮のもと幸せな家庭を築いた。溥儀はまじめに中国共産党の指導を守り，社会主義祖国を熱愛し，人民政治協商会議の活動に積極的に参加し，祖国統一の大事業に関心を持ち，中国科学院北京植物園と全国政治協商文書資料研究委員会の地位で党と人民，社会主義建設の事業に有益な仕事を行った。

　1967年，溥儀は腎臓がんで北京で死去した。臨終前，彼はこのような話をした。「私はこの人生で，皇帝になり国民にもなり，落ち着いた。いま最期のところまで来たようだ。改造は私のような人間にはたいへんだった。封建統治者から一人の国民になることは，どのような国でもできないことが，中国共産党は

図5　政治協商会議が溥儀，王耀武，寥耀湘三委員のために追悼会を開いた

できた」

2　中国共産党の改造政策と統一戦政策について

　統一戦線は中国共産党革命と建設の3大方針の一つであり，中国共産党指導者と全国各民族人民を団結させる重要な方法であり，中国共産党指導者が全国各民族人民がともに新中国を建設する重要な道のりであり，中国が常に発展進歩することを実現，加速させる重要な戦略的思想でもある。社会主義建設の歩みを加速させ，国内の安定団結の政治局面をかためるため，あらゆる積極的要素を動員し，中国が一日も早く世界の東方の偉大なる社会主義強国として立ち上がるため，中国共産党は平和統一，一党執政，多党協力，政治協商，肝胆相照らし，栄辱ともにわかちあう，強国富民など一連の統一戦線の政治的大方針である。

　抗日戦争の勝利で，中国軍は日本の戦争犯罪人を捕虜とし，ソ連軍も中国に日本軍人，偽満洲国，偽蒙疆政権の戦犯を移送した。解放戦争中，中国人民解放軍は国民党軍の戦争犯罪者を捕虜とした。こうして教育，改造，戦犯処理工作は中国共産党と中国政府の議事日程に置かれ，改造政策と統一戦政策は戦犯の救出と改造を実施する過程で重要な段階であった。

　早くも1952年2月5日，中華人民共和国の周恩来総理はこの政策について次のように発表した。「我々はこの戦犯，犯罪者を接収して拘禁し，改造を行っているが，一人も逃亡させない，一人も死なせてはならない。将来も一人として殺さないことを考慮してもよい。理由は，民族の恨み，階級のかたきは忘れてはならないが，今日，情勢は違っている。一人を殺すことはもちろん，百人を殺すことは簡単だ。我々は彼らを改造し，彼らを新たな人間に変え，友人に変

わらせる。これは我が国，民族の未来の意義がある。私は，彼らを改造できると確信している」。

　中日両国人民の友好関係の促進と台湾の一日も早い祖国復帰のため，愛国統一戦線の拡大と消極要素を積極要素に変えるため，毛主席，党中央は戦犯に対し「一人も殺さない」方針を確定し，「懲罰と寛大を結び付け，労働改造と思想教育を結び付ける」改造政策をとり，公安部門が各戦犯管理所の指導者として責任を負い戦犯に対する教育改造工作を強化した。

　周恩来総理は最高人民検査署と公安部に指示を出し，日本，偽満洲国，蒋介石政権の戦犯案件を急ぎ研究し，処分の意見を提出させた。公安部と関係部門は何度も調査研究し，拘束した戦犯に長期間の教育改造を経て，大多数は異なる程度の罪を悔いる態度を見せ，悪を改め善に従うことを表し，適当な時期に人数を分けて寛大に釈放するという提案を出した。

　1956年3月14日，全国政治協商会議周恩来主席は第2回政治協商会議常務委員会第19回拡大会議の提案を支持した。そこで取り上げた特別テーマは拘束した日本，偽満洲国，偽蒙疆政権の戦犯および国民党戦犯の問題であった。公安部羅瑞卿部長は拘束している国民党戦犯の改造状況について，最高人民検査署譚政文検察長は，拘束した日本戦犯の改造状況について，それぞれ発言し，また適当な時期に人数を分けて寛大に釈放するという建議を提出した。周総理は発言し，現在の国際，国内の情勢のもと，改造を経て悔い改めた戦争犯罪者に対して適当な時期に人数を分けて寛大に釈放することは重要な意義があると指摘した。みな十分に討論し，意見を述べることを希望するとした。参会者らの真剣な討論と研究をへて，党と政府は戦犯に対し「一人も殺さない」方針を一致して認め，それは完全に正しいとした。戦犯に対する忍耐強い教育改造について，その成果は顕著である。人数を分けて寛大に釈放することに同意するとした。

3　溥儀が新しい人生を獲得したことは中国共産党の改造政策と統一戦政策の成功の範例

　溥儀は一生のうち3回皇帝になり，3回地位から降りた。すなわち最後の皇帝，復辟皇帝，また傀儡皇帝である。かつて5人の妻をもち，囚人となり国民ともなり，清末，中華民国，日本の侵略戦争，解放戦争，新中国の近代社会という転換した異なる時代を経験した。偽満洲国皇帝の時期，溥儀は日本の関東軍にあやつられ，民族の利益を売り，千にのぼる反動的な法令を発動し，東北で血

なまぐさい植民地統治をおこない，東北人民に深刻な災害をもたらし，民族の罪人になった。しかし中国共産党と中国政府は彼を断頭台には送らず，懲罰と寛大，労働改造と思想教育を組み合わせた政策をとった。改造教育を行ったことで，彼を反省させあらたにし，後半生は国家，人民にとって役に立つ人間になった。これは古今の中国・外国の歴史でも二つとないものだ。

⑴溥儀を旧ソ連から中国に引き渡し，改造を行ったことは溥儀に新たな人生を歩ませる第一歩となった。

　第二次世界大戦後，ソ連・アメリカの関係は拮抗し，ソ連政府はアメリカに頼る中国国民政府を無視した。中華人民共和国の成立後，中ソ間の多くの重大な両国関係問題が徐々に議事日程にのぼり，溥儀はソ連の手中にある一つのコマとして再び持ち出され，中ソ間に関係と利益の均衡を保つための重要な道具となった。毛沢東が初めてソ連を訪問したとき，ソ連側は溥儀をはじめとする偽満洲国戦犯と日本戦犯を引き渡すことにした。

　1950年春，周恩来は毛沢東主席のソ連訪問に随行し，ソ連と「中ソ友好協力同盟条約」を締結した。会談中，中ソ双方は，ソ連で捕虜となっている日本人戦犯，偽満戦犯をソ連で拘束し続けることは不適当だとの合意ができた。中華人民共和国はすでに成立し，これらの人間を中国に引き渡し，主権国として自分の法律に基づいて処理をすべきである。毛主席は周到に考慮し，この件は後悔しないことを決定し，引き渡し期間にさまざまな不測の事態が起きないようにした。国家の指導者は遠大な見通しをもっている。総理はこのようにはっきり指示した。引き渡しと移送の過程では必ず「一人も逃がさず，一人も死なせない」こと。引き渡しと収監地点ではこのように具体的な指示をした。「溥儀ら戦犯は暫定的に撫順に送ることに同意する」。また同時にこう指示した。「溥儀の思想的動向を理解，把握し，とくに引き渡しの途上での安全に注意しなければならない」。溥儀ら60余名の偽満洲国戦犯の引き渡し工作は，周恩来がみずから手配した。

　北京とモスクワで何度も協議したのち，旧ソ連政府は溥儀を中国に返す決定をした。1950年8月1日，溥儀およびその親族はハバロフスクから汽車に乗り，中ソ国境に月，そのあと撫順戦犯管理所が引き取って，1959年特赦が行われた。

⑵溥儀を「撫順に隠し」，中国共産党と国家の指導者毛主席と周総理は溥儀に対する保護を具体化した。

図6　撫順戦犯管理所

　1950 年 8 月 1 日，溥儀は国に引き渡され，撫順戦犯管理所に収監された。
溥儀ら日本の傀儡国家の戦犯は「撫順に隠す」ことは周恩来の決定である。東
北戦犯管理所所在地と組織法案が確定する前，総理は中央の司法部の史良部長
（1900 ～ 1985 年，全国人民代表大会常務委員会副委員長，全国政治協商会議副主席，中国民
主同盟中央主席）は中国の当時の政治情勢を研究した。蒋介石はすでに大陸から逃
げ，台湾と東南の沿海地方の島を占拠し，常に反撃を狙っている。チベットら
の広大な領土が解放を待っている。長城以南の各地に大部分は新しい解放区と
なり，山林に逃げた匪賊はまだ粛清されていない。これらの地区は明らかに戦
犯を収監するに適していない。ただ東北だけが解放区となって久しく，またソ
連にも近い。有事の際にはいつでも移送できる。そこで周総理は東北人民政府
所在地の瀋陽以東わずか数十華里の撫順で，東北の司法部直属の刑務所を使い，
東北戦犯管理所を作った。
　1950 年 2，3 月のあいだに所在地が確定され，同年 7，8 月に戦犯が引き渡さ
れた。時間は半年が過ぎたばかりだが，国内外の政治情勢に変化があった。朝
鮮戦争が勃発し，国連の旗を掲げたアメリカなどの軍隊の飛行機や大砲が中朝
の境界である鴨緑江に迫っていた。国内は新しく生まれた人民政権を強固にす
るため，反革命分子を鎮圧する運動が始まった。当時の政治情勢を前に，国の
人に深く恨まれている溥儀ら戦犯は人前にさらさないよう避けなければならな
い。そこで周恩来は 1961 年，溥儀と溥傑と会見したとき，「一定期間きみたちは
撫順に隠す」と語った。この「隠す」の意味は深い。二人に対する保護の真意
をしっかりと象徴的に表している。
　毛沢東が戦犯改造の戦略思想を出した人であるなら，周恩来は戦犯改造の基

図7　戦犯管理所の孫明斎所長が溥儀ら戦犯に「正直に白状すれば寛大に，抵抗すれば厳しく」「懲罰と寛大，労働改造と思想教育を結び付ける」という改造政策を教え，彼らに安心して戦犯管理所の改造を受け入れるようにさせた

礎固めをした人である。周恩来は戦犯管理所の指導体制を決定した。彼は史良部長の提案を採用し，東北人民政府主席・高崗をトップとし，東北公安部部長・汪金祥，司法部部長・高崇民（1891 ~ 1971 年，全国政治協商会議副主席および民主同盟中央副主席などを歴任），衛生部部長・王斌らを参加させ，東北戦犯管理所の管理指導グループを組織した。続いて，東北公安部，司法部，衛生部，東北公安の主要人員から人員を引き抜き，戦犯管理所に所長，副所長，管理教育科科長，総務科長，および医務，看守，警備などのバックアップ人員などを配置した。所長は孫明斎，1957 年から金源が所長となった。李渤濤が管理教育科科長，王興，劉家義，姜亦成，李福生らが引き抜かれて改造戦犯工作の幹部となった。

(3)中国共産党が制定した戦争犯罪人階層の正しい方針，政策が，溥儀の心配を除き，安心して改造させた。
　中央の大方針に従い，撫順戦犯管理所は工作の実情をもとに具体的政策を定めた。例えば「懲罰を寛大と結び付け，労働改造と思想教育を結び付ける」「管理は厳しく，教育は引き締め，生活は緩やかに」「時事政策教育と罪を認め法に従う教育を結び付ける。理論と実際の教育を結び付ける，思想教育と革命人道主義の待遇を結び付ける，重点的な管理と一般的管理を結び付ける」など。工作人員は溥儀ら戦犯の人格を尊重し，くりかえり彼らに中国共産党の政策を教え，彼らに対する話し方や態度は緩やかに，罵倒したり体罰を加えたりしない。もちろん溥儀に自信をつけさせるために各レベルの指導者は励ました。1955 年3 月，賀竜元帥と聶栄臻元帥は遼寧で国防工業を視察するあいまに，とくに戦犯管理所に行き，溥儀を見舞い，溥儀がまじめに改造を受け入れれば，将来きっ

図 8　戦犯管理所での改造期間，学習し楽しむ溥儀

と道が開けると激励した。この話に溥儀は感動し，何日も眠れなかった。溥儀は生きる希望を持っただけでなく，生まれ変わる自信もできた。彼は死の心配も消え，安心して改造を受け入れる決心をした。

⑷中国政府が戦争犯罪への人道主義的待遇と管理所工作員の細やかな声なき工作が，溥儀を心から心服して改造を受け入れさせた。

　溥儀は死の心配を解かれる思想に変化が起き，ゆっくりと改造を受け入れた。その重要な原因は中国政府の人道主義的待遇が起こした感化の働きである。

　まず飲食の面で，建国初期，国民経済はいまだ困難な状況にあり，公安部は戦犯の食事基準を決めふだんから魚，肉，卵や新鮮な野菜を切らさず，正月や節句には特別に食事を改善し，適当な量の生の果物，乾燥果物，タバコなどを提供した。週に一度栄養士，事務長，炊事人が共同でメニューを相談し，栄養を保証し，厳しい衛生管理を行ったので，戦犯の生活レベルは当時の一般の人よりかなりよかった。自然災害が 3 年続いたとき，管理所の幹部は代用食品を食べたが，戦犯は「特別供給」待遇を受けていた。

　医療の面では，公安部，司法部，衛生部が共同で東北戦犯管理グループを組織し，戦犯の医療保健工作は衛生部が全面的に責任を負った。何度も研究を重ね，撫順戦犯管理所は戦犯の日常的な医療保健の仕事を担当すると決められ，戦犯衛生所が医療問題を解決できないときは，いつでも衛生部が指定した中国医科大学付属病院と，撫順鉱務局医院の専門家が診察した。薬品の供給は最大限に需要を満たした。そのほか毎年定期的に彼らの身体検査を行い，病気があればそのつど治療した。週に 1 回風呂に入り，月 1 回理髪させた。戦犯の私物は身分の高い低いに関係なく記録され保管され，彼らのコートやレザーの服は定期的に陰干しし，腕時計などの物品は定期的に油をさし，メンテナンスされた。

図9　建国初期，国民経済が困難な状況で，溥儀ら戦犯は「特別供給」待遇を受けていた

　戦犯管理所は生活の上で溥儀ら戦犯に人道主義的待遇を実施し，精神的にもしばしば配慮し気遣いをした。管理所では閲覧室が作られ，各種の新聞，雑誌，書籍が戦犯の閲読のために用意され，将棋やトランプなどの娯楽用品も用意された。毎日国家の関連政策，時事を学ぶようにさせ，ラジオも聞かせた。しばしば各種の文化活動を行った。例えば映画の上映やスポーツ大会を開き，球技や陸上競技の試合，春節には親睦会を行い，戦犯が自分たちで演目を演じ，楽しませた。溥儀の自信を深めるため，彼を舞台に上らせ，時事的な再現劇でイギリスの議員の役をやらせた。セリフは少なかったが，溥儀はとても興奮した。こうした娯楽と教育による自己教育活動は溥儀の心身の健康を増進させ，思想改造を促した。

(5)溥儀に深い教育を受けさせ，思想を転換させる別の有効な方法は外に出て参観する学習により社会や民衆の教育を受けさせ，社会と自分を認識すること。

　管理所の理論と時事学習は耳だけで，彼は一般大衆と接したことがなく，自分の目で新中国がどのようであるかを見たことがなかった。このときの溥儀の心中にはまだたくさんの心配と不理解があった。中国の工業化のスピードは本当に新聞が言うようなほど凍いのか。中国の農民の暮らしはどうなのか。中国人はあのように愚かで卑屈なのか。そして，中国の一般の人が自分という「康徳皇帝」を許せるのか。周恩来総理の指示に基づき，管理所は戦犯を組織し社会参加して現実を見て，彼らが本当に全面的に新中国を理解するようにした。1956 年早春，溥儀は 210 人の戦犯と同じように，新しい服を着て撫順戦犯管理所を出て，参観，学習をした。

　彼らは5つの都市をまわり，18の工場を見て，2つの鉱山，1つのダム，2つの学校，6つの公園，9つの展覧会，1つの烈士記念館，1つの養老院を見て，託児所や労働者家庭，農民の家庭を見て，また旧日本731細菌部隊の跡を参観した。一連の参観活動を通し，溥儀は自分の過去に対する恨みと自責の念を深めた。鞍山製鉄所では新しく建てた高炉が赤く燃え，すでに大型の製鉄連合企業ができているのを見た。鞍山製鉄所の責任者は自信ありげに，いま年間生産量は1917年の工場設立から国民党が壊滅するまでの31年の累計生産量と等しいと説明した。長春第一汽車製造廠で，彼は中国人みずからが自動車を製造しているのを見た。またこの工場が以前は日本帝国主義が中国人民を虐殺する第100細菌部隊であったが，いまは人民に幸福をもたらす近代化された大型自動車製造企業が建設されたことを見た。

　溥儀は座談会の席で言った。「私は以前，中国人は外国に頼るしかない，日本に頼るしかないと思っていた。中国人民が自分の手で新中国をこれほど強大に建設するとは思ってもみなかった。おかげで長い間持っていた反共外国寄りの思想が消えた」。撫順郊外の台山堡村を参観したとき，劉おばさんが彼に偽満洲国時代の農民の苦しみを話し，解放後の農民の幸福を話した。溥儀は恥ずかしがった。彼はうなだれて言った。「私があなたの言う康徳です。偽満洲国皇帝溥儀は私です。あなたに謝ります」。劉おばさんは言った。「もう過ぎたことです。あなたたちがよく学習し，毛主席の話を聞き，まっとうな人間になればそれでいい」。溥儀はこの寛大な許しと素朴な忠告を聞いて，黙って涙を流し，やがて大声で泣いた。その後彼は書いた。「私のいまの願いは一つだけです。自分が新しい人間になり，人としての尊厳を持ち，本当の中国人の魂を持つことです」。溥儀はこう言った。そのときから溥儀は自分から体験して努力するようになった。

(6)党と国家の指導者の優しい心遣いが溥儀の心を温め，改造への自信が大きくついた。

　毛沢東，周恩来ら国家の指導者は溥儀らの改造工作に十分関心を持った。これは一人の皇帝と数人の大臣を改造するのみならず，さらに重要なのは中国革命のある重大問題を解決することだ。数千名のかつての圧迫者，搾取者を社会主義労働者へと改造する問題である。

　1955年4月，国務院副総理兼国家体育運動委員会主任の賀竜，中国人民解放軍副総参謀長聶栄臻は東北へ工作視察に訪れ，周総理の言いつけに従って，撫

図10　溥儀が改造の期間，外出して参観学習をした

順戦犯管理所を訪れ，溥儀と偽満洲国の大臣らと面会した。

　所長は溥儀と溥傑を呼んだ。溥儀は金色に光る肩章をつけた人がいっぱいいるのを見て，軍事法廷が開かれるかと思ったが，その後将軍たちが彼の学習状況を聞きたいのだと知った。将軍たちの態度はとても穏やかで，興味深く話を聞き，彼の子ども時代や偽満洲国時代の生活について聞いた。

　金源氏（撫順戦犯管理所の所長）は回想して言った。賀竜と聶栄臻は遼寧に軍工作生産の視察に訪れた時間を割いて撫順に来たものだった。溥儀と会ったとき，「周総理から言われてあなたを見舞いに来た。困っていることがあったら言いなさい。一日も早く新たな人間になりなさい」。

　溥儀はそのとき50歳，顔色は赤みがあり，体は健康だった。賀竜は笑って言った。「昔，宮廷で皇帝だったときに食べた食事と，いまの食事はどちらがおいしいか」。

　「宮中では毎食，最低48の料理が出ます。婉容はときどき十数の料理を要求した。みな山海の珍味だったが，どんな味なのかわからなかった。いまの食事基準はあの時とくらべられないが，1回に1斤の肉まんが食べられる。とてもおいしい」と，溥儀は実感を込めて答えた。

　「これはあなたのいまの生活が規則正しいからであり，あなたの進歩の現れだ」と，賀竜は続けて「皇帝になった人の生活は不規則だから長寿の人は少ない」。

　「私は日本人の傀儡皇帝になり，罪があり，党に悪いことをした。人民にも悪いことをした。きっと改造します」と，溥儀は「皇帝」と言われ，あわてて反省した。

　「まじめに改造を受け入れることは正しい。あなたがちゃんと改造すれば，将来公民権が得られ，前途が開ける」と賀竜は喜び，真剣に言った。

　「ちゃんと改造しなさい。ちゃんと学びなさい。自分の目で我が社会主義建設

の実情を見るでしょう」と，聶栄臻も溥儀を励ました。

溥儀は心中感激した。「以前，私は自分を受け入れてくれないのは共産党の人だと見ていたが，実際は看守から元帥まで私のことを人間として見てくれている」と溥儀は未来があると感じ，自信を深めた。

1958年9月28日，国務院副総理鄧小平，国務院副総理兼財政部部長李先念，楊尚昆，劉瀾濤が戦犯管理所を視察したとき，溥儀を接見し，溥儀に自己改造の状況を聞き，きちんと学習して改造するよう励まし，溥儀はその場で自己改造する決心であることを示した。

1959年11月11日，全国人民代表大会常務副委員長班禅額爾尼が戦犯管理所に来て溥儀に接見し，溥儀の改造生活に関心を寄せ，溥儀は自分の学習と思想の変化について報告した。

(7)党の関心のもと，すべての満洲族，とくに愛新覚羅一族の大きな変化と繁栄は，溥儀に光を与え，前途に自信をあふれさせた。

1956年から，管理所は戦犯に家族との通信を許した。溥儀はたくさんの家族からの手紙を受け取った。これらの手紙は彼らの生活がよいことを報告していた。意外だったのは，彼の弟，妹たちが仕事を持ち，その子どもたちも大学に通い，人民の教師になっていたことだった。叔父の載濤は満洲族の人民代表，全国政治協商会議委員になっていた。

溥儀にとって思いもしなかったのは，毛主席と周総理の指示に従い，北京市長彭真同志の手配で，1956年3月10日，叔父の載濤が溥儀の3番目の妹と5番目の妹を連れ，撫順戦犯管理所に溥儀を訪ねてきた。このとき溥儀は初めて載濤を「おじさん」と呼んだ。彼らは溥儀と別れたあとの家族の状況，北京の状況，そして子どもたちの成長の状況を伝えた。溥儀が満洲族全体の社会的地位が大いに上がり，愛新覚羅一族が以前より繁栄，先祖の墓陵も国家にきちんと保護されていると確信したとき，彼は前途に自信を深め，きちんと改造する決心がかたくなった。

(8)特赦を得て，中国の「宣統帝」の体に新たな政治生命が誕生したことで，溥儀に新中国のふつうの国民としての喜びをもたらした。

1959年中華人民共和国の国慶節の前夜，毛沢東は全国人民代表大会常務委員会に意見を出した。偉大なる中華人民共和国成立10周年のとき，確かに悪から善になった戦争犯罪人，反革命罪の罪人，一般の刑事犯に特赦を与えるという

図11-1 特赦になったことを知った溥儀は感
動して熱い涙を流した

図11-2 溥儀が特赦の通知を両手で受け取る
瞬間

図11-3 溥儀の特赦通知書

図12 周恩来総理（右）は、溥儀とそのおじ載濤（左）
を宴会に招いて溥儀の工作問題について語った

ものだ。全国人民代表大会常務委員会は特赦を決定し、国家主席劉少奇は特赦
令を発布した。

　情報が伝わると、戦争犯罪人はみな内心の喜びを隠せず、争って新聞を読み、
毛沢東の意見と特赦令をきちんとノートに書き写す者もいた。深夜人々が寝静
まるころ、彼らの多くは眠れず、自分がその喜びを味わえるかと期待した。大
多数の人はみな自分こそ最初に釈放されるとは信じられなかった。

　1959年12月4日、愛新覚羅・溥儀にとっては重大な意義のある日だった。彼
の後半生のスタートであり、この日から溥儀は皇帝ではなく、犯罪者でもなく
なり、中華人民共和国のふつうの国民となった。

　遼寧省高級人民法院副院長劉生春が壇上で特赦名簿を読み上げたとき、会場
は静まり返っていた。「愛新覚羅・溥儀！」の声に溥儀は呆然とした。彼はまっ
たく思ってもいなかったことが1、2秒のうちに突然現れ、この事実をどう受け

図13　溥傑が特赦され，溥儀と酒を酌み交わし祝った

図14　溥儀が『毛沢東選集』を学んでいる

止めていいかわからず，ぼんやりとその場に立っていた。そのとき，そばにいた弟の溥傑がこっそり彼をつついて言った。「速く前に出て」。溥儀は夢から覚めたように声を上げて泣き出した。目ざとい記者が素早くシャッターを押し，この永遠の瞬間をとどめた。写真には彼の感激が心からのもので，声を上げただけでなく熱い涙を流している。それはまったく人間としての感情だった。しかし当時の彼はまだ知らなかった。毛沢東と中国共産党中央のその他の指導者がみな彼の改造を気にかけ，彼のわずかな進歩にも喜んでいたことを。今回の彼の特赦も党中央の最高指導者層が十分な検討を経て決定されたことである。

　このとき記者は再びシャッターを切り，溥儀が最高人民法院の役人の手から特赦通知を受け取った場面をしっかり撮影した。このニュースは当日に日本の新聞の目立つ紙面に掲載され，翌日にはワシントン，ロンドン，パリ，そして台北，香港などでも報じられ，たちまち世界に伝えられた。

図15　ウクライナ記者が溥儀を取材する

図16　溥儀が李宗仁の招待会場で歓迎されている

　と同時に，溥儀が特赦を受けた事実は「不思議な奇跡」「天地開闢以来の大ニュース」などの形容やコメントがつけられ，有線，無線の電波を通して世界のすみずみに伝えられた。フランス通信社は当日，台北発の通信としてこう書いた。「北京は最近，収監されていた偽満洲国皇帝溥儀，その他33名の戦犯を特赦した。台北は，こうした行為は中国共産党の執政10年後の安定を表していると見ている」。

　溥儀は自伝小説『わが半生』でその日の印象をこう書いている。私は新しく生まれ変わった。これは肉体の新生ではなく，魂の新生だ。私は人間としての喜びを得た。これはどんな人間としての喜びではなく，今日の中国国民としての喜びだ。私は本当の人生の楽しみを得た。これはいつの時代，どこの地域でもある人生の楽しみではなく，この国，この時代だからこそ得られる人生の楽しみだ。

図17 溥儀の全国政治協商会議文書資料の専門要員身分証

(9)普通の国民から政治協商会議委員になり，溥儀はいっそう奮い立ち，志を持っ
た後半生は中国共産党と国家に有益なことをたくさん行った。

1964年11月18日——秋深まった北京の明るいある日，溥儀は全国政治協商
会議秘書処から送られた通知を受け取った。そこにはこう書いてあった。「愛新
覚羅・溥儀委員。中国人民政治協商会議第3回全国委員会常務委員会第44回会
議で，あなたを中国人民政治協商会議第4回全国委員とすることが決定され，
ここに通知する」。

「宣統皇帝」が政治協商会議委員となった。ニュースはたちまち広まった。そ
の数日，溥儀は眠れぬほど喜んだ。これは昇進したのではなく，自分が進歩し
たこと，中国政府と人民から信頼されていることを見たからである。

溥儀と同時に政治協商会議委員になったのは，国民党指導者だった杜聿明，
宋希濂，范漢傑，廖耀湘，王耀武である。彼らはとても感激した。溥儀と杜聿
明は揮毫して周恩来に送り，党と政府に対する感謝を表し，今後の人生を新中
国の建設のため，台湾の祖国復帰という民族統一の大事業のために尽力すると
表明した。

愛新覚羅・溥儀は生前，世界各界の人々から関心を持たれる人物であった。
それは溥儀の特殊な歴史的地位のためで，中国を訪れたVIP，国家元首から新聞
記者，作家，芸術家，法律従事者まで，例外なく彼との会見を求めた。そのため，
溥儀は特赦後の数年間は外交活動に忙殺された。こうした活動は全国政治協商
会議のホールで行われたり，人民大会堂であったり，民族文化宮，また首都北
京の溥儀の西城区の家でも行われた。溥儀は自分の実体験で国内外の記者や来
賓に，常に中国共産党の統一戦政策と改造政策を宣伝した。後半生の溥儀は確
かに党と人民に有益なことを行った。

図18 全国政治協商会議が溥儀を招いて孫文生誕百周年準備委員会委員を担当させた

図19 政治協商会議の文書専門員となった溥儀

おわりに

中国共産党の人道主知改造政策と統一戦政策，さらに溥儀自身の努力により，皇帝から国民への人生の転換が最終的に完成した。これは世界の歴史上の奇跡である。この意味から，溥儀は新しい起源を開いたと言える。溥儀の生涯写真展からこの奇跡を見ることができる。溥儀はその歴史を変え，新しい章を書き記した。

溥儀の一生を振り返ると，皇帝から国民になったことが溥儀の一生の歴史的転換だとすれば，一般国民から政治協商会議委員になった溥儀の後半生の歴史は，中国の近現代史変遷の一つの縮図であり，まさに国家の民主と法治の進歩

の曙を映し出し，中華人民共和国と中国社会が進歩と成熟に向かう最もよい証明である。これは中国というこの偉大な国土でなければなされなかった奇跡であり，中国共産党の改造政策と統一戦政策が溥儀を生まれ変わらせ，中国共産党の人間本位の価値の追求を体現し，中国共産党の卓越した政治の知恵を表し，改めて中国共産党の改造政策と統一戦政策の成功と偉大さを証明するものである。

参考文献

愛新覚羅・溥儀，李淑賢［原稿提供］，王慶祥［整理・注記］『愛新覚羅・溥儀日記』（天津：天津人民出版社，2009 年）。

愛新覚羅・溥儀『我的前半生』（［灰皮本］北京：群衆出版社，2011 年）。

王慶祥，陳宏，張臨平著『溥儀全伝』（北京：群衆出版社，2006 年）。

〈訳：納村公子〉

「伝統」はいかに再現，再創造されたか
映画『ラストエンペラー』における
結婚式，皇后婉容，淑妃文綉の民族衣装を事例に

ソルヤー

(Suruya)

はじめに

1980 年代以降，溥儀およびその周辺について，学界では，さまざまな側面から詳細に検討され，多様な様相を呈している。そのなかで，溥儀の結婚式典およびその式典をめぐる当時の中国国内諸勢力の思惑，さらに，皇后ゴブロ・婉容（Wanrong, 1906 ～ 46 年）の服飾についての研究もなされ [1]，いわゆる「満洲人の伝統文化」も注目される研究テーマの一つとなっている。人びとは普段,「伝統」とは古くから伝えられてきたものだとかんがえている。しかし，ホブズボウムとレンジャーの「伝統の創造」論によると,「伝統」と称されるもの（風俗や制度，思想，習慣，芸術など）のなかには「最近」になって成立したものが少なくなく，とりわけ近代以降，「伝統」は国家の象徴やナショナリズムと結び付くなかで創り出され，時には捏造すら生じているという [2]。

他方，溥儀の結婚式典について，溥儀本人はもとより，家庭教師をつとめたイギリス人学者レジナルド・ジョンストン（Reginald Johnston, 1874 ～ 1938 年），侍従李国雄（Li Guoxiong, 1912 年～ ?）がそれぞれの回想録で触れている [3]。これら当事者の証言と北京の中国第一歴史档案館所蔵の史料，『順天時報』など当時の新聞の記述などをつきあわせ，検討すれば，その実態を明らかにすることができるが，これ自体が大きなテーマであるので，別稿にゆずりたい。小論は，ホブズボウムとレンジャーの「伝統の創造」論を踏まえ，民族表象の問題として民族衣装に焦点をあて，映画『ラストエンペラー』における溥儀の結婚式典，皇后婉容，淑妃文綉（Wenxiu, 1909 ～ 53 年）の民族衣装を事例に，当事者の証言も含む文献資料に基づいて，現代社会で民族衣装という「伝統」はいかに再現，

再創造されたかについて考察し，検討することを目的とする。

1　溥儀の結婚式典に関する再検討

　まず，指摘しておきたいのは，これまでの研究では，皇后ゴブロ・婉容を満洲人とする場合が多いが[4]，これは間違いだ，ということである。大清国（ダイチン・グルン，1636 ～ 1912 年）が 300 年近く，王朝を維持できた理由の一つは，モンゴルがその頼りになったからである。大清王朝がモンゴルを成功裡にコントロールできたのは，「通婚」（大清の王族がモンゴル諸集団の貴族と姻戚関係をもつこと）をふくむ，政治・軍事・法律・宗教などにおいて有効な措置をとり，モンゴル人は高度の自治をも享受していたからである。清朝樹立前の 1612 年，ヌルハチ（1559 ～ 1926 年）はすでにモンゴルのホルチンの王の公主を妻にしている。それ以降，20 世紀初期まで，大清国の王室とモンゴル各集団との間で計 586 回の通婚があった。その内，大清国の王室がモンゴルの各集団の王族と結婚させた公主や宗女は 430 名であり，モンゴルから受け入れた妃は 156 名である[5]。

　婚姻年齢になり，どのような人物を皇后として選ぶかは，溥儀およびその周辺の人にとって非常に重要であった。1922 年 3 月，遜帝溥儀の「選秀（皇后と妃を選ぶ）」のニュースが広がると，千名を超える応募者の写真が紫禁城に届けられ，そのなかには，当時の中華民国大統領徐世昌（Xu Shichang，1855 ～ 1939 年）や大元帥張作霖（Zhang Zuolin，1875 ～ 1928 年）の娘なども含まれていた[6]。しかし，溥儀をもり立ててきた叔父の載涛（Zaitao，1887 ～ 1970 年）および数名の太妃が，皇后の候補者として選んだのはほとんどモンゴル人の有力な王公の娘であった。

　1920 年代，中華民国では，満洲人は土地もなければ，政治的影響力も，軍隊も，なにももっていなかった。これと対照的に，内モンゴルとフルンボイルのモンゴルの王公は土地だけではなく，軍隊や政治的影響力を持っていた。それゆえ，溥儀にとって，有力なモンゴルの王公の娘と結婚することは非常に重要であった。

　他方，ダウル・モンゴル人は 17 世紀にフルンボイルに移住してから，地元の最も強い勢力となった。清朝時代および中華民国時代，フルンボイルの最高行政長官——フルンボイル副都統はいつもダウル人から選ばれていた。ゴブロ一族は清朝王室と長い間，特別で，深い絆を結んでいた。清朝時代から中華民国初期まで，フルンボイル副都統衙門の公文書は多くの場合，満洲語と漢語で書かれていた。アメリカの著名な東洋学者オーウェン・ラティモア（Owen Lattimore，1900 ～ 89 年）はかつて次のように指摘している。「彼ら［ダウル人］は満洲族［大清

帝国］の優遇を受け，軍制上樞要の地位を占めて居た。(中略) 精力的で，能力も有する上で，公務に携る伝統を有して居たので，バルガに於ける重要職員は何れもその独占に帰する傾向があった。教育ある者は非常に多い」[7]。1910 年代，中華民国が成立した後においても，ダウル人の官僚は清朝時代の官僚が身につけていた，孔雀の羽毛が付いているビロード製の縁なしの帽子を受け継いでいた。フルンボイル出身のダウル・モンゴル人ゴブロ・婉容が皇后として選ばれたのは，決して「偶然」の出来事ではなく，こうした歴史的背景と政治的意義があったからである。

　1922 年 3 月 10 日，ダウル・モンゴル人婉容が皇后として，エルデテ・モンゴル人文繍が淑妃として選ばれた[8]。ゴブロ・婉容は 1906 年 11 月 13 日に北京の内務大臣栄源（Rongyuan, 1884 〜 1951 年）の四女として生まれ，幼い頃から正式の教育を受け，英語もならった。文繍の父端恭（Duan Gong）も清朝の内務府の官吏である。文繍は幼い頃から私立学校で勉強し，品格・学業は共に優れていたという。

　皇帝溥儀と皇后婉容の結婚式典は非常に盛大で，「納彩礼（媒酌人慶親王愛新覚羅・載振が栄源府を訪れ，婉容の両親に結婚の仲立をする）」(1922 年 10 月 21 日) と「大征礼（媒酌人が栄源府に聘礼を送る）」(同年 11 月 12 日)，「冊立礼（載振が栄源府を訪れ，婉容を皇后として冊封する詔を読み上げる）」(同年 11 月 30 日)，「奉迎礼（婉容を紫禁城に迎え，結婚式典をおこなう）」(同年 11 月 30 〜 12 月 1 日) により構成されていた。12 月 1 日の式典では，中華民国政府大統領の特使や北京駐在各国の大使・要人などが個人の身分で式典に参加した。

　1987 年にイギリス・中国・イタリアの映画会社が共同作成し，第 60 回アカデミー賞で 9 部門の賞，第 45 回ゴールデン・グローブ賞のドラマ部門作品賞を受賞した映画 *The Last Emperor*（『ラストエンペラー』）が世界的なセンセーションを巻き起こした。この映画では，ラストエンペラー愛新覚羅・溥儀（1906 〜 67 年）と皇后——ダウル・モンゴル人のゴブロ・婉容の結婚式典（1922 年）の様子を伝えている。『ラストエンペラー』が作品の魅力と影響力をもちいて，溥儀，婉容，文繍のイメージ作りにおいて果たした役割は実に大きい。

　映画『ラストエンペラー』は，この結婚式典の様子をロマンティックに再現しようとしている。まず，皇帝の后妃選びについて，『ラストエンペラー』では，溥儀がふとした拍子に婉容を皇后として選んだとしている。しかし，実際のこの后妃選びの裏には複数の勢力の暗闘があった。溥儀も「実際には 1 年という期間をかけてやっとそう決まった」と証言している[9]。また，この「伝統」的后

妃選びでは，本来，候補の娘たちを一列にならばせ，皇帝が直接見て選ぶのだが，溥儀の場合，写真をみて，「欽定」で決めたのである。写真をみて后妃選びをおこなったのは，実に近代的なことである。

　結婚式典の当日，すなわち1922年12月1日，淑妃文繡は皇后婉容と一緒に北京城に入城したと秦国経はしているが[10]，これは間違いである。実は，清の「旧制」，すなわち「伝統」によると，妃は皇后より1日早めに入城する必要があった。それは，結婚式典の当日，妃が皇后を迎える必要があったからである[11]。淑妃文繡が皇后婉容を迎える姿については，映画『ラストエンペラー』にも再現されている。これについては，次の節で述べたい。

　皇后婉容が淑妃文繡や宦官たちに手助けされて鳳輿（花嫁すなわち皇后を載せる輿）からおりると，王宮の背後の入口をとおって坤寧宮まで案内される。皇帝溥儀がこの坤寧宮で，皇后の顔を覆っていた「蓋頭」という頭飾りを取り外して，はじめて花嫁婉容の顔を見つめることになる[12]。これについて，溥儀は自伝で次のように述べている。坤寧宮のわずか10メートル四方の一面暗紅色の喜房（新婚夫婦用の部屋）に入ると，「私は非常に気づまりだった。花嫁は炕（オンドル）の上に座って，下をむいている。私はしばらくまわりを見まわしたが，目の前が一面真赤なこと以外なにもわからなかった。赤いとばり，赤いふとん，赤い着物，赤いスカート，赤い花，赤い頬……一面に溶けた赤いロウソクのようだった。私は非常にぎごちない感じで，座っても落ち着かず，立っても落ち着かない」[13]。

　『ラストエンペラー』の監督は溥儀のこの記述からインスピレーションをえたか，映画で意匠を凝らし，この場面を再現しながら，息のつけないほどの激しい中国の伝統的劇曲——京劇を演技，鑑賞するシーンへと移して，ふたたび坤寧宮の喜房の婉容が溥儀をキスするシーンとつながる。実際の溥儀の結婚式典でも，京劇が3日間連続で上演された。一見，『ラストエンペラー』はほぼ忠実に溥儀の新婚の夜を再現したようにみえる。

　赤色の空間につつまれた喜房，京劇の披露，そして婚礼の杯を交わすことや「龍と鳳凰」の寝所の傍らでくりひろげられる婚礼の祝宴，先祖参拝の儀式などは，「すべての満洲の古風な婚礼と本質的同じもの」である[14]と思われがちだが，赤色の喜房はあくまでも中国の伝統であり，満洲の伝統であるとは思わない。京劇が清の宮廷に入ったのも1790（乾隆55年）年以降のことであり，皇帝の結婚式典で披露されるようになったのもそれ以降のことである。式典で演奏された「中和韶楽」の「隆平之章」なども実際漢民族の音楽であり，けっして満洲の古

写真 1　婉容の皇后礼服

風な婚礼にあったものではない。

　この結婚式典では，200人ほどの外国人を歓迎するレセプションもひらかれた。溥儀はこのレセプションで，梁敦彦（Liang Dunyan / Liang Tun-yen, 1857〜1924年）が起草した英文の歓迎のことばをもちい，英語で挨拶した[15]。これについて，ジョンストンは，「皇帝は，腹蔵のない自然な物腰と喜々とした姿を万人に分かるようにみせることで，東西の古い障壁がすっかり取り払われたことを，はっきりと示したのである」とたたえている[16]。

　溥儀のこの結婚式典は，『大清会典』などの規定にしたがっておこなったのだが，その式典自体はすでに多くの他民族の文化の要素をとりいれている。式典の警備では，北京政府の軍隊，憲兵，警察なども動員され，清室の音楽だけではなく，「洋楽」も演奏された。さらに，上でも述べたように，多くの外国人を歓迎するレセプションもひらかれ，遜帝溥儀が英語で挨拶したのもまぎれもなく，近代的なことである。ジョンストンのことばを借りれば，まさに「古い習慣から完全にそして驚くほど逸脱している」[17]。

　このように，清の王室の「伝統」は，溥儀の結婚式典で再現，再創造されたのである。

2　婉容と文綉の花嫁衣裳について

　婉容がその結婚式典で着たのは，ダウル人の民族衣装ではなく，『大清会典』『皇朝礼器図式』などにしたがって作った皇后礼服（写真1）である。それは朝冠，金約，領約，朝珠，耳飾，彩帨，朝掛，朝袍，朝裙などにより構成され，デザ

写真2　婉容　　　　　　　　　　　　写真3　文綉の淑妃礼服

インや素材などについていずれも厳密な規定が設けられている 。結婚直後の婉
容は，紫禁城で主に皇后の衣装を着ていた。それは季節によって変わるが，い
ずれも皇后の衣装である。世によく知られている婉容の1枚の写真は，遜帝溥
儀が「選秀」の時，婉容家が紫禁城の溥儀の「小朝廷」に提出したものである。
溥儀とその側近が紫禁城から追放され，北京の日本公館に滞在した時，婉容が
芳澤謙吉（1874～1965年）公使の夫人に贈ったのもこの写真（写真2）である。そ
の服飾はダウル・モンゴル人の貴族の女性のものである。清政府と密接な姻戚
関係をむすんでいたため，その民族衣装は満洲人の民族衣装の影響を受けてい
る。官吏の衣装は清朝の官服に従ったが，それも長袍，筒袖，帯を締め，ブー
ツをはくという草原の環境，生活に適応する特徴をもつ，モンゴルの伝統的衣
装とも一致するものであった。

　淑妃文綉がその結婚式典で着たのは，同じく『大清会典』『皇朝礼器図式』に
したがってつくった妃子の礼服（写真3）である。エルデテ・モンゴル人もかつ
て清政府と密接な姻戚関係をむすんでいたため，その民族服飾も満洲人の民族
衣装の影響をつよく受けている。

　映画『ラストエンペラー』のなかで，婉容が結婚式で身に付けていた朝冠，
朝掛，朝袍などは皇后の服に近い。しかし，婉容の登場にともない，迎えにき
た淑妃文綉とその一族の女性たちはなんといずれもハルハ・モンゴル人の既婚
女性の衣装を着ている（写真4）。赤い房を付けた円形帽子（ulaγan sampan jalaγatu

写真4　『ラストエンペラー』に登場する文繡

duγui malaγai）と，ハブチグという羊の角の形をしている大きな銀製のヘアピン，肩上げのテルレグなど，これらはいずれもハルハ・モンゴル人既婚女性の民族衣装の典型的な特徴である。

　ジョンストンは，結婚式典には，多くのモンゴルの貴族たちが長途の旅をいとわず北京に来て，参加したと証言している[19]。『ラストエンペラー』の監督はこのことを意識したか，淑妃文繡とその一族の女性たちにハルハ・モンゴル人の既婚女性の特徴的な衣装を着せたのであろう。しかし，この映画で，皇后婉容の服飾がその「伝統」の再現といえるとすれば，淑妃文繡に着せた服飾は間違いなく捏造である。「民族衣装をその民族以外の人が着ると，また別の社会的意味が生じる」[20]。ダウル・モンゴル人とエルデテ・モンゴル人の服飾は，満洲人の服飾と一致する部分が多いが，それは，彼らの間の歴史的，政治的，また通婚関係によってうまれたものである。ダウル人，エルデテ人，ハルハ人，満洲人，そしてそれ以外の民族の人びとが映画『ラストエンペラー』のなかの結婚式典で再創造された文繡の服飾をみて，どう受け止めるかは興味深いことである。

　1924年11月，馮玉祥（Feng Yuxiang, 1882～1948年）の軍隊のクーデターにより，溥儀とその家族は紫禁城から追放され，日本公使館に身を寄せた後，1925年に天津の日本租界にうつった。この時代，婉容は社会ではやっているモダンな服や着物も着るようになったが，外国の使節や清朝の旧臣を接見するなど公の場では，いつも皇后の衣装を着た[21]。

　映画の影響力は実に大きい。ハルハ人既婚女性の民族衣装はハリウッド映画『スターウォーズ』（『エピソード1　ファントム・メナス』[1999年]，『エピソード2　クローンの攻撃』[2002年]，『エピソード3　シスの復讐』[2005年]。女王アミダラの衣装）にも登

場する。これは『ラストエンペラー』からヒントを受けたと思われる。

　ちなみに，中華民国初期のダウル人の貴族の衣装は，清朝時代の官吏の衣装のいくつかの特徴をうけ継いだが，長袍，筒袖，帯を締め，袖なしの上着（オージ）を着て，ブーツをはき，袖なしの上着の前衿の下方にスリットを開き，縁かざりをするというスタイルだった。既婚女性の頭部の装飾品としてはサワ（Sava，メッキ，ヘアバンドの一種）があり，かんざしと組み合わせて用いられる。これは満洲人女性の影響をうけた服飾である[22]。マンゲレチは絹で，縁起のよい図案を編んだヘアバンドであり，額の部分に長さ20～40センチの金や銀の飾りを付ける。普段，既婚女性はお下げを2つに分けて結び，前のほうは立つようにし，それを金か銀の飾りに巻き，その上にさらにかんざしなどの飾りを付ける。お下げの後ろの部分は燕の尾の形にして下げる。かんざしは金か銀製であり，縁起のよい図案，あるいは花や蝶蝶，昆虫，提灯などの形が用いられ，そのうえに宝石や真珠，メノウ，翡翠などを嵌めこむ。近代以降，絹あるいは布で作り，さまざまな図案を刺繍した簡素なマンゲレチが普及した。

おわりにかえて

　こんにち，満洲人もダウル人もその民族服飾についてかたる，あるいは継承しようとする際，よくゴブロ・婉容の服飾を焦点にする。しかし，婉容が溥儀との結婚式典で着た衣装は清の後期の皇后のものであるが，そこにはすでにかなりの近代的要素がふくまれている。また，婉容家が遜帝溥儀による「選秀」の時につかった写真にうつっている婉容の服飾はダウル人女性のものであり，それを満洲人の伝統的服飾であると理解するのも間違いである。

　2005年より，内モンゴル自治区政府は9月6日を「草原文化遺産保護日」と決め，同時に140の無形文化を自治区の1級無形文化財（非物質文化遺産）とした。そのうち，ダウル人の刺繍とヤデゲン（シャーマン）の衣装・器具など17の無形文化が1級無形文化財として認定された。毎年9月6日になると，自治区全体でさまざまな無形文化財を中心とするイベントがおこなわれる。それにあわせたダウル人の民族衣装のコンクールも開催されつづけてきた。その民族衣装には清末，中華民国初期のダウル人の貴族の衣装の要素や特徴がとりいれられている。もちろん，溥儀の「選秀」の時につかわれた婉容の写真の服飾はそのモデルの一つとなっている。

　このように，満洲人，ダウル人は伝統を取り戻そうと，その民族衣装をもちいつづけている。しかし，そのプロセスにおいて，実際は，多くの伝統が失われ，

また新たな「伝統」が生まれつづけている。

註

1　溥佳「溥儀大婚紀実」（中国人民政治協商会議全国委員会文史資料研究委員会［編］『晩清宮廷生活見聞』北京：文史資料出版社，1985 年，pp.124-136）。肇文新「従清代冠服制度看皇后婉容服飾的流変」（『溥儀研究』総第 2 号，2012 年，pp.109-114）。賈英華「溥儀大婚内幕之再解析」（『溥儀研究』総第 6 号，2013 年，pp.2-7）。李理「永遠的温馨——末代皇后大婚用透雕双喜翡翠佩」（『溥儀研究』総第 7 号，2013 年，pp.102-105）。李理，李薫「末代皇后婉容御用簪花与佩飾研究」，沈燕「従満族習俗看溥儀大婚」（趙継敏，王文鋒［主編］『末代皇帝溥儀在紫禁城』長春：吉林大学出版社，2013 年，pp.122-128，145-152）。滕徳永「『順天時報』中的溥儀大婚」（『溥儀及其時代』2017 年第 4 号，pp.102-105）。

2　エリック・ホブズボウム，テレンス・レンジャー［編］，前川啓治，梶原景昭［他訳］『創られた伝統』（東京：紀伊国屋書店，1992 年）。

3　愛新覚羅・溥儀『我的前半生』（北京：群衆出版社，1964 年）。同『我的前半生』（［灰皮本］北京：群衆出版社，2011 年）。愛新覚羅・溥儀［著］，小野忍，野原四郎［他訳］『我が半生』（［上・下］東京：筑摩書房，1989［初版は 1977］年）。レジナルド・ジョンストン著，中山理訳『完訳：紫禁城の黄昏』（［上・下］東京：祥伝社，2005 年）。李国雄憶述，王慶祥撰著『随侍溥儀三十三年』（台北：思行，2014 年）。

4　例えば宋偉宏，滕飛「末代皇后婉容与妃子文綉的人生歧路」（『文史天地』2017 年第 10 号，pp.27-31）。

5　モンゴル人と満洲人の「聯姻」については，杜家驥『清朝満蒙聯姻研究』（北京：人民出版社，2003 年）を参照。

6　沈燕「末代皇后婚姻悲劇初探」（『溥儀研究』創刊号，2011 年，pp.81-87）。

7　オウエン・ラティモア（オーウェン・ラティモア）［著］，後藤富男［訳］『満洲に於ける蒙古民族』（東京：善隣協会，1934 年，p.144）。

8　「旧事重提之宣統婚姻」（『順天時報』1922 年 3 月 11 日）。「清帝大婚已発表——画歧識春風面，双美聯翩入帝家」（同 1922 年 3 月 12 日），等。

9　愛新覚羅・溥儀［著］，小野忍，野原四郎［他訳］，前掲『我が半生』（［上］，p.134）。

10　秦国経編著，宇野直人，後藤淳一訳『溥儀：1912 ～ 1924 四年——紫禁城の廃帝』（東京：東方書店，1991 年，p.130）。

11　愛新覚羅・溥儀，前掲『我的前半生』（［灰皮本］，p.96）。

12　レジナルド・ジョンストン著，中山理訳，前掲『完訳：紫禁城の黄昏』（［下］，p.164）。

13　愛新覚羅・溥儀［著］，小野忍，野原四郎［他訳］，前掲『我が半生』（［上］，pp.137-138）。

14　レジナルド・ジョンストン著，中山理訳，前掲『完訳：紫禁城の黄昏』（［下］，p.164）。

15　愛新覚羅・溥儀［著］，小野忍，野原四郎［他訳］，前掲『我が半生』（［上］，p.137）。

16　レジナルド・ジョンストン著，中山理訳，前掲『完訳：紫禁城の黄昏』（［下］，pp.168-

169)。

17 レジナルド・ジョンストン著，中山理訳，前掲『完訳：紫禁城の黄昏』（[下]，p.166）。

18 肇文新，前掲「従清代冠服制度看皇后婉容服飾的流変」（pp.109-114）。

19 レジナルド・ジョンストン著，中山理訳，前掲『完訳：紫禁城の黄昏』（[下]，p.166）。

20 アリソン・リュリー著，木幡和枝訳『衣服の記号論』（東京：文化出版局，1987年，p. 95）。

21 王志強［主編］『影蔵百年——故宮蔵末代皇帝溥儀照片老档』（長春：吉林出版集団，2018年）。

22 郭旭光『達斡爾族文物図録』（呼和浩特：内蒙古大学出版社，2008年，p.91）。

参考文献

（中国語）

愛新覚羅・溥儀『我的前半生』（北京：群衆出版社，1964年）。

愛新覚羅・溥儀『我的前半生』（[灰皮本]北京：群衆出版社，2011年）。

杜家驥『清朝満蒙聯姻研究』（北京：人民出版社，2003年）。

溥佳「溥儀大婚紀実」（中国人民政治協商会議全国委員会文史資料研究委員会［編］『晩清宮廷生活見聞』北京：文史資料出版社，1985年）。

郭旭光『達斡爾族文物図録』（呼和浩特：内蒙古大学出版社，2008年，p.91）。

賈英華「溥儀大婚内幕之再解析」（『溥儀研究』総第6号，2013年）。

「旧事重提之宣統婚姻」（『順天時報』1922年3月11日）。

李国雄憶述，王慶祥撰著『随侍溥儀三十三年』（台北：思行，2014年）。

李理「永遠的温馨——末代皇后大婚用透雕双喜翡翠佩」（『溥儀研究』総第7号，2013年）。

李理，李薫「末代皇后婉容御用簪花与佩飾研究」（趙継敏，王文鋒［主編］『末代皇帝溥儀在紫禁城』長春：吉林大学出版社，2013年）。

「清帝大婚已発表——画歧識春風面，双美聯翩入帝家」（同1922年3月12日）。

沈燕「末代皇后婚姻悲劇初探」（『溥儀研究』創刊号，2011年）。

沈燕「従満族習俗看溥儀大婚」（趙継敏，王文鋒［主編］『末代皇帝溥儀在紫禁城』長春：吉林大学出版社，2013年）。

滕徳永「『順天時報』中的溥儀大婚」（『溥儀及其時代』2017年第4号）。

滕飛「末代皇后婉容与妃子文綉的人生歧路」（『文史天地』2017年第10号）。

王志強［主編］『影蔵百年——故宮蔵末代皇帝溥儀照片老档』（長春：吉林出版集団，2018年）。

肇文新「従清代冠服制度看皇后婉容服飾的流変」（『溥儀研究』総第2号，2012年）。

（日本語）

愛新覚羅・溥儀著，小野忍，野原四郎他訳『我が半生』（[上・下]東京：筑摩書房，1989［初版は1977］年）。

アリソン・リュリー著，木幡和枝訳『衣服の記号論』（東京：文化出版局，1987年）。

エリック・ホブズボウム，テレンス・レンジャー［編］，前川啓治，梶原景昭［他訳］『創られた伝統』（東京：紀伊国屋書店，1992年）。

オウエン・ラティモア（オーウェン・ラティモア）［著］，後藤富男［訳］『満洲に於ける蒙古民族』（東京：善隣協会，1934年）。

秦国経編著，宇野直人，後藤淳一訳『溥儀：1912 〜 1924 年──紫禁城の廃帝』（東京：
　　　東方書店，1991 年）。
レジナルド・ジョンストン著，中山理訳『完訳：紫禁城の黄昏』（［上・下］東京：祥伝社，
　　　2005 年）。

文物溥儀
傀儡皇帝篇Ⅰ

陳宏・王文麗
（Chen Hong, Wang Wenli）

はじめに

　文物は文化の産物であり，人類社会発展の過程の貴重な歴史遺産である。それは異なる領域と側面から歴史上の人々が世界を改造した状況を映し出し，人類社会の歴史を研究する実物の資料，国家の歴史文化の最も有効な媒体であり，また歴史の最良の物証でもあり，独特の深い文化的意味を備えている。

1　文物溥儀

　溥儀は中国近現代史の特殊な歴史的人物として，清代，中華民国，抗日戦争（偽満洲国），解放戦争，新中国の複数の時代を経験している。彼を研究する著述はたいへん多いが，文物という角度から溥儀の生涯に対して研究したものは未だかつてない。溥儀の生涯には大量の歴史的文物が遺されており，それぞれの文物はみな一つの特殊な歴史を証言しており，特殊な歴史的意義をもっている。歴史的人物溥儀と文物を豊富に結び付ける研究は，溥儀の真実の人生経歴と探し求めるものであり，はっきりと溥儀の波乱万丈の人生及び時代の変遷を見つめる最も直観的方法，最良の研究手段である。したがって，文物溥儀の考え方はここから生まれる。

　文物溥儀とは文物研究を中心とし，文物という角度からの溥儀とその時代に対する研究であることに他ならならず，文物という角度によって溥儀の生涯を説明し，文物の整理，分類と研究を通して，溥儀とその時代に関する研究には必ず科学的，全面的，体系的，真実的，可視的かつ，形象的な生き生きとした再認識をもたねばならず，それは溥儀研究の空白領域を補充するものであり，その上溥儀研究に対するきわめて大きな完備と補充するものであって，以上を

要約すれば，文物溥儀は独創性を備えているというだけではなく，さらに実行の可能性も備えている。

　愛新覚羅・溥儀の奇妙な伝説は世の注目を集める。彼の身分は歴史の移り変わりの中で絶えず変化し，清朝皇帝から1つ目は退位の身，2つ目は移住の身，3つ目には傀儡の身，4つ目には囚人の身，5つ目には戦犯の身，6つ目には公民の身，最後には政協委員へと変わった。その政治的生涯と身分の絶え間ない転換によって，かつて北京，天津，旅順，長春，通化の大栗子溝，ソ連，撫順，ハルビン等各地を相次いで転々とし，溥儀の特殊な経歴と流転の地にはいずれも大量の遺跡，旧跡，建築が遺されている。例えば北京の紫禁城，天津の張園，旅順のヤマトホテル，長春の吉長道尹公署，偽満洲国皇宮，偽満洲国八大部や，通化の大栗子溝の退位地，ソ連のチタとハバロフスクのクラスナヤ・レーチカの別荘と第45収容所，撫順戦犯管理所等である。同時に大量の歴史的文物も遺されている。例えば紫禁城時代の子供のころの玩具，少年時代に切った辮髪，乗った自転車，青年時代に使った電話機，眼鏡，カメラ，移住時代に溥儀が聴いた蓄音機，レコード盤，使用したステッキ，テニスラケット，偽満洲国時代に溥儀が発布した詔書，裁可した上奏文，使用した食器，ソ連時代に溥儀がスターリンに記した手紙，描いた民俗画，撫順改造期に溥儀が着た囚人服，読んだ毛沢東全集，公民時代の溥儀の結婚証明書，日記，政協委員時期の代表証，手稿などである。とりわけ溥儀が世を去った後に遺した日記，書簡，ノート，文章，手稿や写真等の遺品は，すべて国家一級の文物となり，現在偽満洲国皇宮博物院に収蔵されている。これらの資料，文物は溥儀が北京植物園と全国政治協商会議での勤務の実際，溥儀と李淑賢の結婚や家庭生活，溥儀が全国各地を漫遊・訪問しての感想，溥儀が祖国統一の大事業のために行った仕事，及び溥儀が「文革」中に直面したこと，罹患や逝去の前後のすべての生活を証言しており，溥儀を公民の真実の姿として世に打ち立てている。

　溥儀の人生のすべての経歴は均しくそれぞれの旧跡，建築，大小さまざまな文物の中に含まれており，これらの旧跡，建築と文物も溥儀とその時代の最良の証言者であると言えよう。

2　文物溥儀の研究内容，特色と意義
　具体的に述べると，文物溥儀の研究内容とは以下の4つの側面に含むことができる。
　1.建築は移動することのできない大きな文物であり，文物溥儀の研究すべき

主要部分である。国内に現存する三大宮廷旧跡の北京故宮，瀋陽故宮，偽満洲国皇宮はいずれも溥儀と関係があり，この他には北京の醇親王府，天津の張園，長春の偽満洲国八大部，偽満洲国建築物，撫順の戦犯管理所，ソ連のクラスナヤ・レーチカの別荘，ハバロフスクの第45収容所等もある。

　2.溥儀の生涯で遺された百万件近くの文物は移動することができる。例えば紫禁城宮殿建築に結びつく歴代の文物は，紫禁城と切っても切れない一部分である。それらは幾代もの歴史を経過しており，宮中における保護と利用は，いずれも我々の研究課題である。所蔵品の多くは宮中の旧贓品を占めており，清朝宮廷では歴史的文物，芸術的文物を含めて，それぞれに来歴があって，宮廷の制作品もあれば，宮廷の収蔵品もあり，歴代清朝皇帝の作品もあれば，満漢大臣と各民族の貢物，各国から届けられた贈答品もあり，みな清朝宮廷と関係する芸術宝物と書画である。この他に，天津期，偽満洲国期，ソ連期，撫順改造期，公民期を含めた大量の物品もある。

　3.運良く遺された貴重図書，文書と家族に関する史料では，主に清朝宮廷の文書が極めて高い価値を有する。残念なことにその他の貴重な遺産は侵略による戦火，略奪と戦争のために，今なおいくつかは侵略国の博物館に隠されているかもしくは台湾海峡の対岸に分置されている。

　4.前述の3つの側面と密接な関係をもつ歴史的写真や映像。これらの建築，文物，図書，文書はすべて歴史文化の中に遺る人物（皇帝，皇后，紫禁城中の人，帝師，大臣，伯母，大監と宮廷に関わる人物等を含めた紫禁城の人々）の活動と切り離せない。もしこれらの人々と事柄及び彼らの歴史的写真や映像に研究を加えないとしたら，我々は溥儀とその時代の完璧な価値をはっきりと知ることができない。

　文物と文物は相互に関連している。文物研究はたいへん広大であるのみならず，研究内容も一歩ずつ深化し，拡大しなければならない。筆者は文物溥儀研究の絶え間ない掘り下げにしたがって，文物溥儀の研究範囲も絶え間なく拡大すると考える。もし故宮建築を研究するなら，遺跡，旧跡，建築，文物及び建築に関係する檀廟，御苑，陵寝，行宮等の多方面に対する研究を進めなければならないし，政治，軍事，経済，文化活動等も建築と関係性がある。この他に創作，制作，収蔵，編纂，造営，修繕，鑑賞，保護，典制，起居等の活動と関係がある人，事柄，物等も文物溥儀研究の範囲に属する。したがって，全体的分類研究もあれば，関連の文物研究もあるし，さらには個人の細部の研究もあってこそ，溥儀とその時代の研究の全体的展開に利をもたらすことになるであろう。当然，文物研究も主要なものと副次的なものをはっきりと区別し，取捨選

択し，細部を重んじ，孤立的な対処を防止し，多くの分野の協力を必要としなければならず，全方向的展開とは，異なる分野が異なる角度から文物溥儀研究に協力し，文物研究で特色ある溥儀研究を作り上げ，溥儀研究で文物の歴史的価値を掘り起こし，文物の情報から溥儀の時代の意義を解読し，こうして互いが助けあってこそ，真に理解し，文物の歴史性，芸術性と記念性を把握，研究することができるのであって，さらに進んで溥儀とその時代の研究を完備し，促進するのである。

3　文物溥儀：傀儡皇帝篇Ⅰ

　偽満洲国皇宮博物院で活動を行うため，地の利といった有利な条件をもっている。本論文は偽満洲国宮廷旧跡と文物を研究対象とし，偽満洲国博物院所蔵の文物研究を基礎とし，現存する歴史の真実によって真実の偽満洲国宮廷の人と事柄をもとの状態に戻し，文物を使って述べ，史料を使って説明し，文物の角度から溥儀が「満洲帝国皇帝」の傀儡であることを可視的に明示し，世間に偽満洲国皇宮の中の建築，旧跡，文物を紹介し，人々にその中から真実の植民地統治と偽満洲国宮廷と傀儡皇帝の正体を理解してもらうものである。これらの文物はすべて偽満洲国皇宮博物院所蔵の選り抜きの文物であり，主に偽満洲国宮廷旧跡，建築，遺物，文書，詔書，歴史的画像及び溥儀の生活用品等からなる。本論文は所蔵文物，偽満洲国建築と宮廷の史跡という3つの側面をそれぞれ結びつける全体的な分類研究を行うことを重視し，発見文物の特別な含意及びそれ自身に潜在するすべての情報によって，人々にその中から教育と啓発を受けてもらうものである。今回は「文物溥儀：傀儡皇帝篇Ⅰ」で卑見を述べ，今後も続々と「文物溥儀：傀儡皇帝篇Ⅱ」……及び「文物溥儀：偽満詔書篇」，「文物溥儀：偽満宮廷篇」，「文物溥儀：傀儡人物篇」等々を世に送り出し，続いて文物溥儀のその他の時期の研究を進め，それによって文物溥儀研究を確かに，秩序立ててひたすら発展させていくつもりである。

⑴「白熊の毛皮」は溥儀が偽満洲国「執政」に就かされたことと国連調査団に会見した歴史の瞬間を証言する

　白熊，またの名を北極熊とも呼ばれ，主にカナダとロシア北部のいくつかの島で活動しており，夏は各種の植物を主食とし，冬はアザラシ，ウミドリや魚類を主食とする。毛皮は光り輝いているものが貴重とされる。偽満洲国建国の頃，各偽省長が溥儀の「満洲国執政」就任を祝賀するためにわざわざ溥儀に献

図1　1935年1月20日『大同報』による万寿節に各省長が溥儀に白熊の毛皮を贈ったことに関する報道

上したもので，その価値は偽貨幣の1万3000元に相当し，宮廷儀式の場面での貴重なインテリアである（図1）。

　白熊の毛皮は長さ213センチ，幅183センチ，頭部から尾までの長さ292センチ，毛皮の幅は294センチ。毛は長くて隙間なく，全身は白色でわずかに淡黄色を帯びており，頭骨は平べったい。毛皮全体は上部が広く下部が狭い台形状で，頭部は牛のように大きく，両目は丸く見開き，口はわずかに広げており，剣のような鋭い歯が交錯し，低く吼えているかのようだ。爪は鋼の鉤のようで，押しつぶすかの状態になっており，まるで獲物に飛びかかろうとする姿のようである（図2-1, 2-2）。1945年8月，偽満洲国崩壊の直前，溥儀が逃走するとき，毛皮も通化の大栗子溝へ運んだが，その後東北民主連軍に接収され，瀋陽故宮に引き渡された。1964年にそれは瀋陽故宮から吉林省博物院に引き渡され，1992年8月に吉林省博物院から大小二種の白熊の毛皮が当博物院に引き渡され，国家一級文物となった。

　日本が中国東北部を占領した後，「国連」は世界の世論の圧力と国民党政府の度重なる要求に迫られ，1932年1月21日，前英国のインド総督リットン伯爵が団長となり，英，米，仏，独，伊5か国の代表団から構成される国連調査団が成立した。その後2月3日に，国連調査団一行は欧州から出発し，アメリカから日本に移動し，最後に中国上陸を果たした。南京，漢口，九江，宜昌，重慶，

図 2-1　白熊の毛皮は，現在偽満洲皇宮博物院に所蔵されている

図 2-2　白熊の毛皮の全体写真（偽満洲皇宮博物院所蔵文物写真）

図 3　溥儀はかつてこの白熊の毛皮を偽満「執政」に就任した吉長道尹公衙門のリビングに敷いていた

北京を回った後，5 月 2 日にようやく長春に到着した。だが「国連」が 3 か月近くかけて巡りめぐっている間に，日本侵略者はとっくに自身の手で「満洲国」を作っており，溥儀もすでに偽満洲国「執政」となっていた。「国連」の前に並べられたのは既成事実であった。

　しかし形式だけを繕うために，5 月 3 日，偽満洲国「執政」溥儀は偽満洲国帝宮 2 階の正殿で，リットンを初めとする国連調査団一行と会見した。会見の時，この白熊の毛皮は溥儀の席の前で堂々とした様子で敷かれており，白熊の丸く見開いた大きな目がこの歴史の瞬間を見届けていた。

図4　溥儀が国連調査団に接見したとき座席の下に敷かれていたのがこの白熊の毛皮である

(2) 龍袍を着ることができず陸海空「大元帥の正装」を着るしかなかった傀儡皇
帝溥儀

　1933年初め，日本は植民統治を浸透させるため，寄せ集めの偽満洲国を「王
道国家」の姿に扮装させた。より一層の欺瞞性をもたせるために，政体を改革
することを決め，「執政」政治から「立憲君主制」に変えた。

　1933年10月，日本関東軍司令官菱刈隆は正式に日本政府の承諾を伝達し，偽
満洲国が帝制を実行することに同意し，溥儀が「皇帝」になるという欲望を満
たした。これは常日頃「祖業を回復し，清に政を還す」ことを考えていた偽満
洲国執政溥儀にとって，間違いなくこの上なく喜ばしい一大事であった。溥儀
は後に「私はこの知らせを得て，心が躍りあがるほどうれしくてたまらなかっ
た」と回想している。

　溥儀は「皇帝」の称号を手に入れたが，皇宮とは人々の間の一般的な名称に
過ぎず，実際には偽満洲国時期の正式名称は「帝宮」であり「皇宮」とは呼ば
れていなかった。偽満洲国は日本より格下に位置づけられるため，日本におい
ては皇宮と呼べるが，その「皇帝」の前の「皇」の字は，偽満洲国においては
後ろの「帝」の字を使用することしかできなかった。例えば日本では「皇室」
と呼ぶが，偽満洲国では「帝」室と呼ばれるにすぎなかった。幸いにも日本に
は「天皇」の称号があったからよかったものの，そうでなければ溥儀はこの「皇
帝」の称号さえも手に入れることはできなかったのである。

　溥儀が就いたのは傀儡皇帝であったが，日本侵略者も虚飾を重ね通して，「満
洲国」を「独立国家」のなりにさせようとした。日本関東軍の直接の意向の下で，
数か月繰り上げて準備を開始し，溥儀の皇帝即位の大典のプログラムや段取り

図5　光緒帝がかつて着た龍袍を身に纏って登壇し祭祀を行う溥儀（偽満皇宮博物院所蔵）

に対する綿密な手配が練り上げられた。

　日本関東軍は溥儀の即位の日を 1934 年 1 月に定めた。郊祀は溥儀即位の前の
なくてはならない祭天の儀式である。溥儀は清室の正統として，祭天には歴代
皇帝の御衣である龍袍（ロンパオ）を身につける必要があった。このため，溥儀
はわざわざ人を北京に派遣して，榮恵皇貴妃のところから二十数年保管されて
いた光緒帝がかつて身に着けた龍袍を持ってきた。だが関東軍は反対に「太上
皇」の権利を行使して，どうしても溥儀が龍袍を着ることを許可しなかった。
その理由とは，日本人は偽満洲国皇帝を承認するにすぎず，大清皇帝さらには
後清皇帝を承認するものではないということからであった。これによって，清
朝の龍袍を身に着けることができなくなった。溥儀は鄭孝胥に関東軍と交渉さ
せたが，結果はひじ鉄を食らわされるものだった。後になって，板垣（征四郎）
の調整で，溥儀の祭天の際は龍袍を身に着けることを許可するが，「即位」の際
には日本人が準備する「大元帥正装」を着るという，「折衷」の方法が何とか採
用されることになった。「郊祀」に参加する偽満洲国役人の服装も規定が定めら
れ，燕尾服もしくは黒の馬掛（マーグア。短い上着），紺の長袍（チャンパオ。長衣）
の満洲礼服に決められた。溥儀が龍袍を着て即位するかどうかということすら
日本側の制限を受けなければならなかった。このため，溥儀は大いに腹を立て
たのだが，最終的にはやはり日本側の意向に従った。なぜなら，日本関東軍は
偽満洲国の「太上皇」であり，傀儡皇帝は必ず「太上皇」の意向に従わなけれ

図6　溥儀3度目の「即位」に着た陸海空大元帥正装（偽満皇宮博物院所蔵）

ばならなかったからである。

　3月1日朝7時30分，溥儀の3度目の即位大典が正式に始まった。即位の当日，溥儀はこれまでの遅寝遅起きの習慣をすっかり改めて，早くに起床した。彼はわざわざ天津から取り寄せさせた光緒帝がかつて着ていた龍袍を身に纏い，長春の南の杏花村の順天広場（現在の長春市文化広場）に着いて，そこに臨時に組み立てられた小さな土台をとりあえず「天壇」として，「告天即位」の古礼を執り行った。日本側は彼が『大清会典』を踏襲して古式に則って執り行うことを許可せず，再三再四「満洲帝国」は決して「後清」ではないことを強調したため，この儀式は溥儀が「康徳帝」在任の十数年の中で一度きりのこととなった。郊祭の儀式が終わって，溥儀が宮殿に戻った後，関東軍との約束に背くことはせずに，すぐに龍袍を脱いで，日本が彼のために準備した大元帥正装に着替えて，即位の大典に出席する準備をした。日本側の命令に基づいて，玉座に向かう溥儀は龍袍を着ずに，特製の陸軍の式服を身に着けて臣の拝礼を受けたため，一部の大清帝国に熱い感情を抱く人々はそのとき辱めを受けたかのように感じていた。

　溥儀の3度目の「即位」の準備と儀式には十分に日本軍側の意志が現れており，偽満洲国帝制が始まるとすぐに奴隷根性を丸出しにした。溥儀はこうして偽満洲国の傀儡皇帝になった。彼の下のすべての政府官僚も同様に日本人の傀儡になった。

(3) 溥儀第一回訪日紀念章

1. 1度目の訪日から帰った後溥儀に授与された「満洲帝国皇帝訪日紀念章」

1934年3月1日，日本関東軍の演出のもとで，偽満洲国の傀儡皇帝になった。日本の天皇はこの皇帝を祝うため，1934年6月6日に秩父宮雍人を偽満洲国に差し向け，7日に偽満洲国皇宮の勤民楼内で溥儀に勲章を授けた。秩父宮雍人は日本の天皇に代わって溥儀に大勲位菊花章を授与し，婉容に一等宝冠章を授与した。日本の天皇の祝賀への返礼のために，溥儀は1935年4月2日に日本を訪問した。

1935年4月2日，溥儀は大連港から日本の戦艦「比叡」に乗船し，日本訪問を開始した。途中でちょうど日本の神武天皇の祭日を迎え，溥儀は船員らとともに東の方角に向けて遥拝した。自分の興奮の気持を表すために，また侵略者に媚び諂うために，詩を一首作った。「海は鏡のように平らかで，万里遠く航行する。両国は手を携えて，永く東方を固めよう」。4日間の航行を経て，溥儀は6日に日本の横浜港に到着した。世界に「日満親善」をはっきりと示すために，彼らがでっち上げた「満洲帝国」を世界での合法「国家」にさせるべく，日本政府は埠頭で盛大な歓迎セレモニーを挙行して，溥儀に「国家元首」としての手厚い歓迎を与えてくれた。秩父宮雍人が自ら横浜港に赴いて到着を待ち，日本の天皇裕仁が自ら東京駅に出向いて出迎えた。

日本に訪問した25日間で，溥儀は日本関東軍の意向に従って，日本の元老と重臣と会見し，さらに裕仁とともに軍隊を閲兵し，「明治神宮」を参拝したが，一層恥ずべきことは，溥儀自らが日本陸軍病院に赴いて中国侵略戦争中負傷した日本の兵士たちを見舞ったことである。

わずか25日間の訪日は，溥儀にこれまで経験したことのない満足感を感じさせ，まるで彼自身がほんとうに「皇帝」になったと感じるようにさせた。彼は日本の天皇が彼にこのような機会を恵んでくれたことに心から感謝を表した。これによって，4月27日日本から「新京」に戻った後，5月2日にお世辞に満ち溢れた「回鑾訓民詔書」を発表し，またこの日を「訪日宣詔紀念日」と定めて，これ以後，毎年5月2日には盛大な祝賀行事が挙行され，1945年に偽満洲国が崩壊するまで続いた。

1935年9月21日，勅令第116号「皇帝訪日紀念章令」を公布する：

第一条　康徳二年四月，皇帝日本国皇室訪問紀念ノ表章トシテ紀念章設ク

第二条　記念章ノ図式ハ左ノ如シ。

図7-1, 7-2 「満洲帝国皇帝訪日紀念章」。船の錨の形を呈しており，濃紺のリボンに赤色の縁取りが加えられている。これは表面と裏面である（偽満皇宮博物院所蔵）。

章　銀質銀色リボン附鑢形，幅三十粍長三十八粍トス，表面二蘭花及菊ノ花束併「一徳一心」ノ文字ヲ鋳出シ裏面に「満洲帝国皇帝訪日紀念章」及「康徳二年四月六日」ノ文字ヲ鋳出ス

環　銀円形トス

綬　織地幅三十七粍，中央勝色全縁紅色ノ縦縞トス

形状　別図の通トス

第三条　紀念章ハ左二掲グル者二之ヲ授与ス

一　大典に召サレタル者

二　大典ノ事務及大典二伴フ要務二関与シタル者

三　其ノ他国務総理大臣二於テ指定シタル者

第四条　紀念章ハ本人二限リ終身之ヲ佩用シ其ノ子孫之ヲ保存スルコトヲ得

第五条　紀念章ヲ授与セラルベキ者其ノ授与前二死亡シタルトキハノヲ其ノ家長二交付シテ保存セシム

附則

本令ハ康徳元年三月一日ヨリ之ヲ施行ス

2. 日本から授与された溥儀第一回訪日「奉迎式紀念章」

章は合金で，不規則な形をしており，長さ4.3cm，幅2.8cmである。完全に保存されている。章の表右半分は三輪の菊が重なり，左半分は蘭が咲いており，下地は浅黄色の綿布である。章の周りは白，濃紺，赤三色の綿布がめぐらされて円形の形をとっている。章の下部には紅白の綿布のリボンが縫い付けてあり，リボン上方の銀色の長方形の札には「満洲国皇帝陛下奉迎式」の文字が鋳られてある。

図8　日本から授与された溥儀第1回訪日「奉迎式紀念章」及び写真の出典（『大日本帝国陸海軍〈軍装と装備〉』昭和49年2月15日版、中田商店。右図）

　この章は1935年4月溥儀第1回訪日時に，日本側が溥儀の訪問を出迎えて挙行された歓迎式で授与された記念章である。溥儀第1回訪日で偽満洲国側から授与された紀年章の種類や様式はしばしば見かけるが，日本側から授与されたこの種の紀年章は，中国ではまだ多く見かけない。

　1934年3月1日，日本の植民地統治の要求に応えるために，同時に溥儀が日夜所望してやまなかった「皇帝」の称号にも配慮して，「満洲国」は「満洲帝国」に改められ，溥儀も三度目の「皇帝」に即位することになったが，この「皇帝」は本来の意味での皇帝ではなく，日本侵略者の庇護の下の傀儡皇帝であった。

　偽満洲国の帝制の実施と溥儀の即位を祝って，日本の天皇裕仁はわざわざ秩父宮雍仁を偽満洲国に赴かせた。その直後関東軍は溥儀の日本訪問を手配したが，その主な目的は，1つには秩父宮雍仁が偽満洲国に赴き溥儀が即位し帝を称することを祝ったことの返礼であり，2つには「日満親善」に対して自身で模範を示させることであった。

　大衆の耳目を覆い，世界の世論を欺くために，力ずくで溥儀に独立国家の君主のイメージを装わせて，日本政府は溥儀の今回の訪日を躍起になって誇張し，日本の皇室は盛大に礼を尽くして溥儀を歓迎しようとし，さらには枢密顧問官林権助男爵を筆頭とする14名の接待委員会が，溥儀の訪日中の一連の行動を組んだのであった。4月6日溥儀が東京に到着した時，天皇裕仁は自ら駅に出迎えて，直後には日本の皇室の面々，各界要人と会見すること，視察，参拝，歓迎行事，宴会等々である。4月24日溥儀は訪問を終えて帰国した。

　溥儀の訪日の一挙一動を記録し，溥儀が日本の天皇に「皇帝」として取り立てられたことに対する溥儀の感謝の行動を記録している点で，この紀年章は溥

図9　偽満皇宮東花園内に建てられた建国神廟（偽満皇宮博物院所蔵）

儀第1回訪日の全行程が含まれていると表現しても差し支えないであろう。

⑷　溥儀が祖を換えたことを記念するために授与された「建国神廟創建紀年章」

　天照大神もしくは天照大御神（『古事記』の呼び方）は，日本神話の中の高天原の統治者で太陽神的女神である。彼女は現在の日本の天皇の祖先と崇められ，神道の最高神でもある。関東軍はこう言っている。「天照大神」は日本の天皇の祖先であり，歴代天皇は皆「現人神」つまり大神の生まれ変わりであると。大神の実体は神器であり，つまり八咫鏡，八尺瓊勾玉，草薙剣のことで，この三種の神器は仁・智・勇を象徴すると言われる。

　日本侵略者は日本の宗教を中国東北の人民に強制するために，1940年日本の神武天皇の即位紀元2600年慶祝のときに，溥儀を日本に訪問させる手配を整えた。関東軍は溥儀に「日満親善，精神一体の如し」であることから，「満洲国」の宗教も日本と一致すべきであるという意向を伝えた。したがって「満洲国」で天照大神が祀られることになったのである。6月に関東軍の手配で，溥儀は自ら日本に行って天照大神を祝うとともに持ち帰って国教とし，さらにわざわざ偽満洲国皇宮東花園の東南の一角に天照大神を祀る建国神廟を建立し，1940年7月15日に「建国神廟鎮座祭」を執り行い，このために「建国神廟創建紀念章」が公布された。

　「建国神廟創建紀念章」は銅製の円形で，直径3cm，厚さ0.3mm，章の表面は「建国神廟」の図案である。

　建国神廟建立後，管理供養と祭祀を司る「祭祀府」が成立した。関東軍の要求に従い，溥儀は偽満洲国皇帝の身分で「敬て建国神廟を立て，天照大神を奉祀し……もって永典となし朕が子孫をして万世祇み承け無窮に孚あらしむ」とする「国本奠定詔書」を宣布した。溥儀は天照大神を自身の祖と見なさざるを

図 10-1，10-2，10-3，10-4 「建国神廟創建紀念章」の箱と全体，正面，裏面の写真（現在満皇宮博物院に所蔵）

図 11 1940 年 7 月 15 日，偽満建国神廟鎮座祭に臨む溥儀（偽満皇宮博物院所蔵）

得なくなり，その上関東軍の要求に従い，溥儀は毎月 1 日，15 日に偽満洲国大臣と関東軍司令官を従えて祭祀を執り行うことになった。

(5) 溥儀と仇が「和解した」御学問所

　偽満洲国皇宮勤民楼 2 階南西にある一室は溥儀が政務を行う場所——御学問所で，つまり溥儀の執務室であるが，日本人は皇帝の書斎の意味でとる。溥儀は『易経』にある「天高健なり，君子は以て自強して息まず（天地の運行が健やかであるように，君子は自ら向上することを忘れない）」に基づいて，執務室の名を「健行齋」とした。

　偽満洲国の初期のころ，彼はまだこの大きな事務机と文房四宝の室内で壮大な計画を考えていた。ある時期に，溥儀は夜明けから起きだし，健行齋で文武百官が国家の大事を上奏するのを待っていた。だが，次々とやってくる官僚は皆御機嫌を伺うだけで「国事」については口をつぐんでいた。「国事」は日本が行うことで，もとより彼らが気を配る必要はなかったのである。もし「決裁」が求められる書類が送られて来たなら，かれは「可」と書くだけでよく，却下もしくは変更は許されなかった。健行齋の中では活躍する余地などない以上，

図 12-1，12-2　復元前後の御学問所を比較した写真（偽満皇宮博物院所蔵）

溥儀も次第にやる気がなくなり，ついには執務室に現れなくなった。

　1942 年 5 月 8 日，溥儀はここで偽中華民国政府主席を務めていた汪精衛と会見した。汪精衛はかつて溥儀の父親載灃の暗殺を企てたことがあり，溥儀にとっては仇と言っても差し支えない。清末に武装蜂起を幾度も失敗した後，日ごとに意気消沈していた中国同盟会会員の汪精衛は，暗殺という手段で革命運動を鼓舞しようと考えた。1910 年 4 月，汪精衛は載灃が毎日宮殿に入るために必ず通るルート——什刹海にかかる銀錠橋の下に密かに爆弾を埋めたが，犬に吠えられ，民生部の探偵を驚かせたために，計画は失敗し，汪精衛らは間もなく逮捕された。1911 年の辛亥革命勃発後，汪精衛らは釈放され出獄した。しかし，この革命期の風雲児は中華民族が共同で日本軍の侵略に抵抗する最中に公然と国を裏切って，1940 年 3 月 30 日南京で偽中華民国国民政府が成立すると，自ら主席兼行政院院長の任に当たった。1942 年にこの二人の仇は日本関東軍の演出の下，「御学問所」で和解し，挨拶を交わして，併せて日本が「大東亜共栄圏」を建設するために手を携えて尽力することを望んだ。この会見は日本，汪の偽中華民国と偽満洲国の間の結託を加速したばかりか，政治，経済，軍事の面で一層強力に日本侵略者と連携して，日本の植民地支配と侵略の共犯者，道具となった。

(6) 偽満洲国皇宮が「木偶奇遇奇」を上演する。

　1942 年はちょうど偽満洲国成立 10 周年に当たり，同じく日本の庇護の下にある「国」，南京の偽中華民国は何らかの表明をせざるを得なくなった。そこで 5 月 4 日，南京偽国民政府主席汪精衛は代表団を引き連れて「満洲国」を訪問し，祝賀の意を示した。汪とともに偽満洲国を訪れた人物は，偽国民政府外交部長褚民誼，参謀本部長楊揆一，宣伝部長林柏生，外交部政務次長周隆庠，僑務委

図 13 「満洲国」を訪れた汪精衛（右から 4 人目）と偽満第 2 代国務総理張景恵（左から 3 人目。偽満皇宮博物院所蔵）

員会委員兼全国経済委員会秘書長陳君慧，航空署長陳昌祖，華北教育総署督弁周作人らであった。

　5月7日午後，汪精衛一行は「新京」に着いた。夜，汪偽政府と偽満洲国「大使」廉隅は宴席を設けて一行を招待した。林柏生は談話を発表し，汪精衛は今回「元首」の立場で「満」を訪れ，「中，日，満三か国の友好」を増進するのに十分であり，東亜の枢軸の力を強化する，と述べた。

　5月8日午前，汪精衛は大勢を引き連れて偽満洲国皇宮に入って溥儀と会見した。もともと溥儀と汪精衛は父殺しの仇であり，諺には「仇同士が顔を合わせると，怒りがこみ上げる」とある。しかし日本侵略者の庇護の下で，彼らはすでに仇同士ではなく，一本の線に繋がれた二つの「木偶」となり，呼吸を同じくし，運命を共にする「身内」となった。この会見について，周作人は日記の中には，「5月8日，午前9時50分主席に付き従い宮殿に入り謁見，10時10分退出する。10時45分訪問者があり，10分後に退出。11時50分再び宮殿に入り，嘉楽殿で宴会，1時半に公館に戻る」という記載が残されている。この日の午前，「中華民国」から向かったこれらの人々は，二度宮殿に入り，真の会談は20分間しかなかった。周作人日記から考えられるのは，溥儀には当時もなお「皇帝」の貫禄が備わっており，決してこれらの人々を「友邦の来賓」とは見做さず，相も変わらずに人民と見做しているかのようである。宮中での宴会で，汪精衛は談話を発表しなければならなかったのだが，汪は談話で，今回は「苦楽を共にして一致団結し，安危互いに共にするという深い情」を抱いて訪問したのであり，「両国」が「心を合わせて協力し」，日本の大東亜における「大業」を共同して完成することを希望する，と言明している。

図14　御学問所の事務机の前の溥儀（偽満皇宮博物院所蔵）

 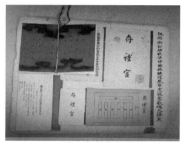

図15-1, 15-2　1942年汪精衛が「満洲国」を訪問した際に張景恵が汪精衛を招待した午餐会の招待状（偽満満洲国皇宮博物院所蔵）

　5月9日，「満洲国」政府は汪精衛一行を歓迎する大会を開催し，張景恵が主催する昼食会に招待された。その午餐会には招待状一式が残されており，これらは偽満洲国宮内府掌理署掌礼官の存者が保存したものである。

　招待状は全部で7通である。招待状は長さ17.2cm，幅11.8cmの白封筒の中に入れられており，開いた招待状の長さは38.3cm，幅32cm，封筒の表には毛筆で「存礼官」の3字が書かれており，左上の隅には「秘」の朱印が押されている。封筒の中には招待状，昼食会の献立表，座席表，身分表等五種の文書が入れられている。招待状の原文は以下の通りである。

　　　拝啓　謹んで5月9日正午ヤマトホテルにて中華民国国民政府汪主席閣
　　　下歓迎午餐会を挙行することを取り決める。ついては貴殿を招待し宴の際
　　　には臨席していただきたく申し上げる。

国務総理大臣　張景恵
　　　服装は協和会礼装或いはその他の礼服に勲章，記章をすべて着けること

献立表の表面の文字はこうである。

　　　康徳9年5月9日於新京ヤマトホテル
　　　汪主席閣下歓迎午餐会
　　　主催　国務総理大臣　張景恵

献立表の赤い紙にはこう印刷されている。

　　　冷食燕窩湯　紅鱒　冷製鶏肉　酒渚鶏肉　蒸焼羊肉　生菜桃製点水　鮮
　　果珈琲

国務総理大臣主催歓迎午餐会の式の次第は中国語，日本語対照で，その文は
以下の通り。

　　　来賓の来場は午前11時30分以前（時間厳守）（主席の公館出発は午前11時35分）
　　　午前11時40分関係者は出迎えに就く（玄関内右側に整列）
　　　主席来場　11時45分
　　　国務総理大臣が主席を連れて休憩室に入る
　　　着席　懇談
　　　勧酒（洋酒）同行の来賓等にも洋酒を勧める
　　　来賓を案内して食堂に入る
　　　　この際全員起立　着席
　　　　国務総理大臣による歓迎の辞（通訳不要）　終了　乾杯
　　　国務総理大臣主席を連れて休憩室に入り，懇談
　　　関係者は皆見送りに就く
　　　主席帰還（午後1時40分）同行の来賓退場

　座席表の左側の李の文字，左下隅の座席にマルが記されており，ここが存耆
の指定された座席であるが，これは歓迎午餐会が開かれたとき，存耆は掌礼官
という立場で式の案内と呼び出しを担当していたためである。

　偽満洲国「皇帝」溥儀と日本関東軍司令官梅津美治郎もこの午餐会に出席した。この宴の招待状は溥儀と汪精衛の弾冠相慶の関係にあった歴史的証拠である。

　10日，汪精衛は偽満洲国の「訪問」を終えて大連に戻り，11日，大連から南京に帰った。周作人は汪精衛に従い南京に着いた。偽国民政府は13日汪精衛60歳の誕生日を祝福する宴会が予定していたため，周作人も招待者の列に並んでいたのである。後世の人は汪精衛の今回の「外交活動」に対して謎々を作った。それは「汪精衛が溥儀を訪ねる」，この内容の映画の題を当てよ，というものである。答えは「木偶奇遇記（ピノキオの冒険）」である。

（本論文の製作過程において，数々の史料と写真は偽満洲国皇宮博物院の文物研究の先輩王文峰先生と若手研究者彭超氏による尽力と手助けから入手した。ここに感謝申し上げる）。

〈訳：戸井　久〉

執筆者・翻訳者紹介（掲載順）

坂東眞理子 （ばんどう まりこ /Mariko Bando）

東京大学卒業，クイーンズランド工科大学，テンプル大学名誉博士。
昭和女子大学理事長・総長。
内閣総理大臣官房参事官，統計局消費統計課長，男女共同参画室長，埼玉県副知事，内閣府男女共同参画局長，昭和女子大学などをへて，現職。
著書『男女共同参画社会へ』（勁草書房，2004 年），『女性の品格』（PHP 研究所［PHP 新書］, 2006 年），『日本の女性政策』（ミネルヴァ書房，2009 年），『女性の知性の磨き方』（ベストセラーズ，2015 年）など著書多数。

友田博通 （ともだ　ひろみち /Hiromichi Tomoda）

東京大学卒業，東京大学大学院建築学専攻修了，博士（工学）。
昭和女子大学国際文化研究所長，日越大学大学院地域研究専攻講師。
世田谷区景観条例検討委員会専門委員，日本建築学会住宅小委員会主査，一級建築士試験設計製図部会委員，建設省ベトナム支援委員会委員，文化遺産国際協力コンソーシアム運営委員他を歴任。
著書『心の住む家』（理工図書，1994 年），『ベトナム町並み観光ガイド』（岩波書店，2003 年）他。
ベトナム・ホイアンの町並み保存他の国際協力で，ユネスコアジア太平洋州文化財保存賞 3 回・ベトナム文化大臣賞・日本外務大臣賞・文化庁長官賞・JICA 理事長賞・建築学会賞他を受賞。

王志強 （Wang Zhiqiang）

吉林大学大学院修士課程修了，修士（文学）。
中国偽満皇宮博物院院長，三級研究館員，東北師範大学兼任教授，長春溥儀研究会会長。
主な著書に，王志強『溥儀研究 2』（［主編］長春：吉林大学出版社，2016 年版），『偽満時期史料類編・建築巻・「満州建築雑誌」彙編』（［主編・全 34 冊］北京：綫装書局，2018 年），『偽満時期史料類編・地方巻・省市県旗情況彙覧』（［主編・38 冊］北京：綫装書局，2018 年），『偽満皇宮博物院学術文庫：溥儀・宮廷巻』（［主編］長春：吉林出版集団，2018 年），『偽満皇宮博物院学術文庫：文化交流巻』（［主編］長春：吉林出版集団，2018 年），『偽満皇宮博物院学術文庫：文物保護巻』（［主編］長春：吉林出版集団，2018 年）など多数。「吉林省有突出貢献専家（吉林省優れた貢献をした専門家）」に入選，東北地区中日関係史研究会第 4 回科学研究成果著書類一等賞他を受賞。

田中克彦 （たなか　かつひこ /Katsuhiko Tanaka）

一橋大学大学院社会学研究科単位修得退学，博士（社会学）。
一橋大学教授をへて，現在，一橋大学名誉教授。
主な著書に，『草原と革命：モンゴル革命 50 年』（晶文社，1971 年 . 恒文社，1984 年），『草原の革命家たち：モンゴル独立への道』（中公新書, 1973 年），『言語からみた民族と国家』（岩波書店，1978 年），『ノモンハン戦争：モンゴルと満州国』（岩波新書，2009 年），『「シベリアに独立を！」諸民族の祖国をとりもどす』（岩波書店，2013 年）など。

塚瀬　進 （つかせすすむ /Susumu Tsukase）

中央大学大学院文学研究科博士課程後期単位取得退学，博士（史学）。
長野大学環境ツーリズム学部教授。
主な著書に，『中国近代東北経済史研究』（東方書店，1993 年），『満洲国：民族協和の実像』（吉川弘

149

文館，1998 年），『満洲の日本人』（吉川弘文館，2004 年），『マンチュリア史研究：「満洲 600 年の社会変容」（吉川弘文館，2014 年），『溥儀』（山川出版社，2015 年）など。

海中雄（Baatar C.H. Hai）

インディアナ大学大学院修士課程修了，修士。
モンゴル・チベット文化センター長，モンゴル文化協会理事長（台北）。
アメリカモンゴル学会指名委員会委員，ロシア連邦カルムイク共和国大統領アドバイザーなどを歴任。
主な著書に，*Prince Palta of the Torguts*, Indiana University, 1985,『内蒙古稀土産業与台湾高科技発展之関連性』（台北，2014 年），主な論文に「国立故宮博物院蔵成吉思汗画像初探」（『蒙蔵現状双月報』第 15 巻第 5 期，2006 年），「談々:章嘉大国師印」（『海潮音』第 99 巻第 8 期，2018 年）など多数。「行政院高階公務人員研究奨」，モンゴル国工業・商業総会勲章，モンゴル国ホブド県名誉県民賞他を受賞。

程方毅（Fangyi Cheng）

清華大学卒，ペンシルベニア大学大学院博士課程修了，博士。
中山大学博雅学院准教授。
主な論文に，"Chinese Nomadic Art and The Journey to Collect: The Legacy of the Mayer Collection", in *Expedition, The Magazine of the University of Pennsylvania Museum of Archaeology and Anthropogy*, 2016, winter,「試論以庄士敦為紐帯的溥儀小朝廷社交活動：従一張被誤読的老照片説起」（『第八届溥儀及其時代国際学術研討会論文集』，長春，2020 年）など。

ボルジギン・フスレ（Husel Borjigin）

編者紹介参照。

エレーナ・L・カタソノワ（Elena L. Katasonova）

モスクワ大学卒，博士（歴史学）。
現在，ロシア科学アカデミー東洋学研究所日本研究センター長，主任研究員。
主な著書に，*Японские военнопленные в СССР: большая игра великих держав*, Москва, 2003（邦訳『関東軍兵士はなぜシベリアに抑留されたのか』社会評論社，モスクワ，2004 年），*Последние пленники Второй мировой войны: малоизвестные страницы российско-японских отношений*, Москва, 2005（『第二次世界大戦の最後の捕虜：露日関係の知られざるページ』ロシア科学アカデミー東洋学研究所，モスクワ，2005 年），*Японцы в реальном и виртуальном мирах*, Москва, 2012（『現実世界と仮想世界における日本』，モスクワ，2012 年）など多数。

コンスタンチン・O・サルキソフ（Konstantin O. Sarkisov）

サンクトペテルブルグ国立大学卒，博士。
慶應義塾大学特別招聘教授，山梨学院大学教授，国立政治大学客員（台北）教授など歴任。
現在，ロシア科学アカデミー東洋学研究所日本研究センター主任研究員，山梨学院大学名誉教授。
主な著書に『もうひとつの日露戦争：新発見・バルチック艦隊提督の手紙から』（朝日新聞社［朝日選書］，2009 年），*Россия и Япония: Сто лет отношений (1817-1917)*, Москва, 2015（『ロシアと日本：百年の関係［1817 〜 1917］』，モスクワ，2015 年）など多数。旭日中綬章を受章。

陳　宏（Chen Hong）

中国長春偽満皇宮博物院研究館員（司書），長春溥儀研究会事務局長。
主な著書に『川島芳子生死大掲秘密』（［共著］天津：天津人民出版社，2010 年），『溥儀全伝』（［共著］

北京：群衆出版社，2016年），『末代皇帝溥儀在長春』（［副主編］長春：吉林大学出版社，2016年），『末代皇帝溥儀在旅順』（［副主編］長春：吉林大学出版社，2017年），『末代皇帝溥儀在旅順』（［副主編］長春：吉林大学出版社，2017年），『偽満皇宮博物院学術文庫：溥儀・宮廷巻』（［副主編］長春：吉林出版集団，2018年）など多数。中国近現代史史料学学会著書類一等賞他を受賞。

ソルヤー（Suruya）
東京外国語大学大学院総合国際学研究科博士後期課程。
共著『日本・モンゴル関係の近現代を探る：国際関係・文化交流・教育問題を中心に』（風響社，2015年），主な論文に，「内モンゴル・フルンボイル地域におけるバルガ・モンゴル人の民族衣装について――シネ・バルガ人既婚男女の衣装，服飾を中心に」（『日本とモンゴル』第49巻第2号，2015年），「ガンジュール廟会とシルクロード・ティーロード」（『昭和女子大学国際文化研究所紀要』第23号，2016年）など。

王文麗（Wang Wenli）
中国長春偽満皇宮博物院研究館員。
主な著書に『偽満皇宮博物院学術文庫：溥儀・宮廷巻』（［共著］長春：吉林出版集団，2018年），主な論文に「偽満時期"新京""在満師範学校"発展変遷研究」（『大連大学学報』2020年第4期）など。長春市政府社会科学優秀成果論文三等賞他を受賞。

小林昭菜（こばやし　あきな/Kobayashi Akina）
多摩大学経営情報学部事業構想学科専任講師。
法政大学国際文化学部卒，法政大学大学院政治学研究科博士後期課程修了，博士（政治学）。
2010年度日露青年交流センター若手研究者等フェローシップ受給，ロシア科学アカデミー東洋学研究所派遣研究員，ピッツバーグ大学世界史センター客員研究員，法政大学大学院国際文化研究科非常勤講師を経て現職。
主な著書に『シベリア抑留　米ソ関係の中での変容』（岩波書店，2018年），主な論文に「ドイツ人軍事捕虜の"反ファシスト運動"1941〜1948年："シベリア民主運動"発生のケースと比較して」（熊田泰章編『国際文化研究への道　共生と連帯を求めて』彩流社，2013年），『戦後のソ連における日本人軍事捕虜1945〜1953年』（法政大学大学院博士学位取得論文，2015年）など。

戸井　久（とい・ひさし/Hisashi Toi）
昭和女子大学国際学部非常勤講師。
大東文化大学大学院文学研究科中国学専攻単位取得満期退学，博士（中国学）。
専門は中国近現代文学・思想。主な論文に「もう一つの『進化論講話』：一九〇四年二月『新民叢報』掲載『進化論大略』から」［1・2］（『埼玉大学紀要（教養学部）』第52巻2号2017年，同第53巻1号2018年），「探検から理想へ：留学後期魯迅の科学思想」（『東方学』109輯，2005年），翻訳に『中国現代散文傑作選1920〜1940：戦争・革命の時代と民衆の姿』（中国三十年代文学研究会編,勉誠出版，2016年）など。

納村公子（なむら　きみこ/Kimiko Namura）
翻訳などに従事，日中学院講師。

編者紹介

ボルジギン・フスレ〈呼斯勒／ Husel Borjigin〉

昭和女子大学国際学部国際学科，国際文化研究所教授。
北京大学哲学部卒。東京外国語大学大学院地域文化研究
科博士後期課程修了，博士（学術）。内モンゴル大学芸
術学院講師，東京大学大学院総合文化研究科・日本学術
振興会外国人特別研究員，ケンブリッジ大学招聘研究者
などをへて，現職。
主な著書に『中国共産党・国民党の対内モンゴル政策
（1945 ～ 49 年）：民族主義運動と国家建設との相克』（風
響社，2011 年），『モンゴル・ロシア・中国の新史料から
読み解くハルハ河・ノモンハン戦争』（三元社，2020 年），
共著『20 世紀におけるモンゴル諸族の歴史と文化：2011
年ウランバートル国際シンポジウム報告論文集』（風響
社，2012 年），『国際的視野のなかのハルハ河・ノモンハ
ン戦争』（三元社，2016 年），『日本人のモンゴル抑留と
その背景』（三元社，2017 年），『ユーラシア草原を生き
るモンゴル英雄叙事詩』（三元社，2019 年）など。

国際的視野のなかの溥儀とその時代

2021 年 3 月 15 日　印刷
2021 年 3 月 25 日　発行

編　者　ボルジギン・フスレ

発行者　石 井　雅

発行所　株式会社　風響社

東京都北区田端 4-14-9（〒 114-0014）
℡ 03（3828）9249　振替 00110-0-553554
印刷　モリモト印刷

Printed in Japan　2021　© Husel Borjigin　　　ISBN978- 4-89489-809-7 C3022